TEXT UND ILLUSTRATIONEN
GILBERT LEGAY

ATLAS DER
INDIANER
NORDAMERIKAS

Aus dem Französischen übersetzt, bearbeitet
und mit einem Vorwort von Nina Schindler

CARLSEN

»SIE NANNTEN SICH MENSCHEN«

Absaroke

Selten hat eine Figur in den letzten hundert Jahren die romantische Phantasie so beschäftigt wie Winnetou, der edle Wilde. Gleichzeitig tauchten in den amerikanischen Groschenromanen und den Filmen des 20 Jhs. die grausamen Rothäute auf, die brave Pioniersfrauen massakrierten. Beide Bilder sind falsch.

Das eine idealisiert die amerikanischen Ureinwohner – denn auch unter ihnen gab es schwache, ehrlose oder kriminelle Menschen, und mit dem anderen Klischee versuchen die Nachkommen der europäischen Einwanderer in Amerika nachträglich, die gezielte Ausrottung der Urbevölkerung zu rechtfertigen.

Was in den letzten dreihundert Jahren in Amerika geschah, ist auf der Welt ohne Beispiel: Ein ganzes Volk wurde ermordet, die wenigen Überlebenden werden eingesperrt und um ihre Rechte betrogen. Fast alle Verträge der Weißen mit den Ureinwohnern wurden von den Weißen auch wieder gebrochen – bis heute. Sie nahmen ihnen nicht nur mit brutaler Gewalt ihren Lebensraum, sondern sie zerstörten auch ihre Kultur, eine Kultur, in der der Mensch sich nicht als das erfolgreichste Raubtier auf unserem Planeten feiert, sondern eine Kultur, die jedem Lebewesen in der Natur sein Lebensrecht zugesteht, wo die Wahrung des Gleichgewichts zwischen Jägern und Gejagten ein ständiger Auftrag ist. Wie weit die beiden Welten – und Kulturen – der amerikanischen Ureinwohner und der europäischen Einwanderer auseinanderlagen, sieht man in dem grundsätzlichen Mißverständnis: Das Land, das die Ureinwohner den Weißen aus dem fernen Europa zum Beackern überließen, konnten sie gar nicht verkaufen, weil bei ihnen niemand Land »besitzen« konnte – die Erde als Mutter aller Menschen war unverkäuflich.

Die weißen Eindringlinge rissen nicht nur alle materiellen Güter an sich, sie verhöhnten die Ureinwohner auch für ihre Sprache und ihre Überzeugungen. Diese Verachtung drückt sich in den Namen aus, die sie den Stämmen gaben: Wer möchte schon Flachkopf, durchbohrte Nase oder Geizhals heißen?

Deshalb wird in diesem Buch versucht, die Namen zu berücksichtigen, die sich die Völker selbst gaben. Was dabei auffällt, ist die häufige Bezeichnung als »Menschen«. Doch als verachtete Rothäute wurden sie gejagt wie Tiere und auch eingesperrt wie Tiere. Es ist kein Zufall, daß die Schutzgebiete für die vom Aussterben bedrohten Wildtiere den gleichen Namen haben wie die kümmerlichen Territorien meist öden Landes, auf dem die überlebenden Ureinwohner in der zweiten Hälfte des letzten Jahrhunderts zusammengepfercht wurden. Es ist kein Ruhmesblatt für das Christentum, die Religion, die sich angeblich der Nächstenliebe verschrieben hat, daß ausgerechnet von Puritanern der schreckliche Satz stammt: »Nur ein toter Indianer ist ein guter Indianer«.

Der »Rote Mann« in Nordamerika befindet sich in der amerikanischen Gesellschaft immer noch auf der untersten Stufe der sozialen Leiter: die Zerstörung seiner Lebensweise und die Verachtung seiner Werte haben ihn körperlich und seelisch verletzt, hatten seinen Überlebenswillen lange Zeit gebrochen. Doch er braucht unser Mitleid nicht – nur die Sympathie und Unterstützung, die wir allen entgegenbringen sollten, die für ihr Recht auf ein menschenwürdiges Dasein kämpfen. Um aber zu verstehen, was mit den Ureinwohnern Nordamerikas geschehen ist, und um zu begreifen, worum die Erben der indianischen Kultur kämpfen – will dieses Buch einen Beitrag leisten.

Nina Schindler

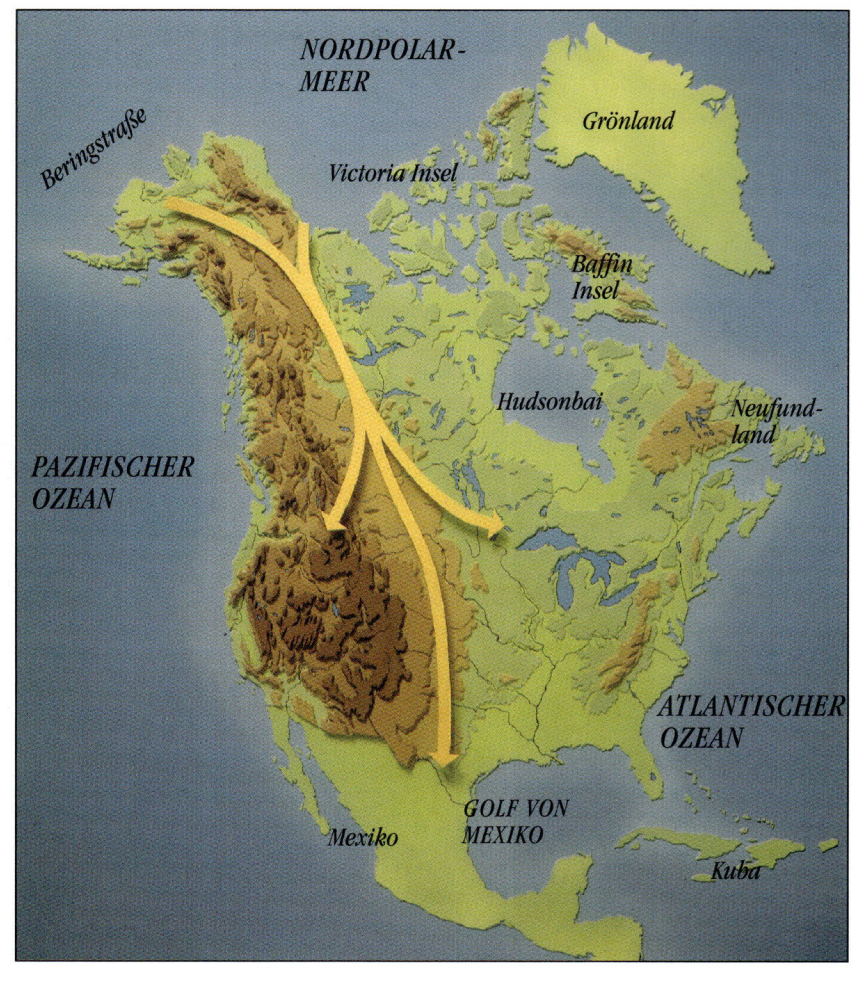

Eine Theorie über die Besiedlung Amerikas besagt, daß es sibirische Jäger waren, die die günstigen Bedingungen nach den letzten Eiszeiten nutzten und die Meerenge der Beringstraße auf einer Eisbrücke überquerten. Zwei mögliche Epochen für eine solche Völkerwanderung waren einmal die Zeit zwischen 34 000 und 30 000 Jahren vor Beginn unserer Zeitrechnung und die Zeit zwischen 24 000 und 10 000 v. u. Z. Diese Zeitangaben sind jedoch nur ungefähr möglich, und vielleicht gibt es morgen schon neue Entdeckungen, die von einer noch älteren Bevölkerung Zeugnis ablegen, was einige Fachleute stark vermuten.

Wenn sie von sich sprechen, nennen sie sich:

DAS VOLK... DIE MENSCHEN...

DIE WAHREN MENSCHEN...

DIE WOLKENMENSCHEN...

DIE MENSCHEN DES BLAUEN WASSERS...

DAS VOLK DES VOGELS...

Sie suchten die Harmonie mit der Natur und brachten den Pflanzen und Tieren Achtung entgegen.
Sie verehrten die Erde als ihre Mutter und wurden von denen besiegt, die nur den Wunsch hatten, die Erde zu plündern.
Sie waren mutig. Doch nicht einmal die Geschichte vermochte ihnen einen Namen zu geben, der ihrer würdig gewesen wäre:
Man nannte sie Rothäute, dabei waren es braunhäutige Menschen. Man nannte sie fälschlicherweise Indianer, nach einem Seefahrer, der meinte, er sei in Indien gelandet, und der sie nicht einmal als erster Fremder besuchte. Anstatt sie als Menschen zu achten, behandelten die Eindringlinge sie wie Wilde und brachten ihnen Kriege, Krankheiten, Gewalt und Habsucht. Selbst diejenigen, die die Nächstenliebe predigten, machten bei diesen Verbrechen mit: Mönche und Priester, Puritaner und Quäker, Christen aller Konfessionen und vieler Sekten jagten die Ureinwohner wie Tiere, ermordeten sie, stahlen ihnen das Land, zerstörten ihre Äcker, verwüsteten ihre Jagdgebiete.
Nur wenige Stimmen erhoben sich, um im Namen der Güte oder der Gerechtigkeit dagegen zu protestieren.
Nur wenige Beispiele ließen hoffen, daß die Geschichte auch anders hätte geschrieben werden können:
Die schwedischen Kolonisten, die gute Beziehungen zu ihren indianischen Nachbarn unterhielten; William Penn und seine ersten Quäker, die ihre Vorstellung einer friedlichen Welt lebten und sich nicht gewaltsam den Besitz anderer Menschen aneigneten; Kundschafter und Waldläufer, die verwandtschaftliche Beziehungen zu den Indianern unterhielten, manchmal ihre Töchter heirateten und mit ihnen lebten. Doch das sind leider nur wenige vereinzelte Beispiele. Die meisten der europäischen Einwanderer sahen in den amerikanischen Eingeborenen nur Menschen auf einer niedrigeren Kulturstufe, denen sie das Recht absprachen, über ihre Anbau- und Jagdgebiete und schließlich über ihr Leben selbst zu bestimmen.

Dieses Buch soll als Einführung in die Welt der indianischen Ureinwohner mit ihren unterschiedlichen Lebensräumen dienen. Wissenschaftler haben Nordamerika in zehn Regionen unterteilt, in geographische und kulturelle Lebensräume. Aus jeder Region werden die wichtigsten Stämme vorgestellt, ihre wesentlichen Merkmale genannt: Herkunft oder Bedeutung des Namens, Sprachfamilie, Siedlungsgebiete, kulturelle Besonderheiten, wichtige Ereignisse in ihrer Geschichte, die heutigen Lebensverhältnisse.

Alte Gemälde, Zeichnungen und Fotos lieferten die Anregungen und Vorlagen für die Illustrationen, mit denen nicht nur die einzelnen Stämme vorgestellt werden, sondern gleichzeitig auch die Umgebung, in der sie lebten: Landschaft, Tiere, Pflanzen.

Bei der Vorstellung der einzelnen Stämme wird die Reihenfolge von der Zuordnung zu den verschienen Lebensräumen bestimmt. Wichtige Einzelaspekte im Leben der nordamerikanischen Ureinwohner können deshalb nur gestreift werden: ihre Sprachen, ihre Religion, ihre Stammes- oder Familienorganisation, ihre Waffen, ihre Jagd- und Fischfangtechniken, die Rolle der Frauen und das Kunsthandwerk. Aber vielleicht werden Leserinnen und Leser dadurch angeregt, sich in der Fachliteratur weitere Informationen zu verschaffen: bei den Märchen und Mythen, in den völkerkundlichen Studien, in Foto-Bildbänden.

Der nordamerikanische Kontinent wurde von den Völkerkundlern (Ethnologen) in zehn Gebiete aufgeteilt. Jedes entspricht einem Lebensraum, in dem die gleichen fundamentalen Lebensbedingungen herrschten: Klima, Landschaftsform, Flora, Fauna ...

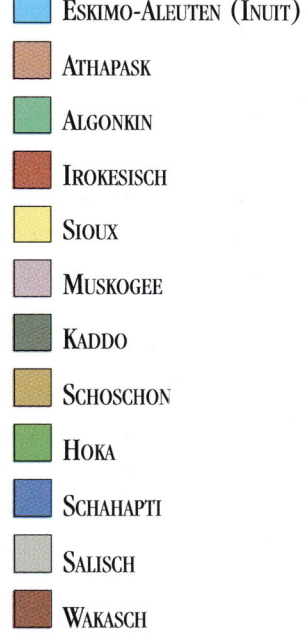

- ■ ESKIMO-ALEUTEN (INUIT)
- ■ ATHAPASK
- ■ ALGONKIN
- ■ IROKESISCH
- ■ SIOUX
- ■ MUSKOGEE
- ■ KADDO
- ■ SCHOSCHON
- ■ HOKA
- ■ SCHAHAPTI
- ■ SALISCH
- ■ WAKASCH

Die Karte zeigt eine vereinfachte Einteilung in 12 große indianische Sprachfamilien. Zu jeder Familie gehören mehrere Sprachen, von denen abgeleitet es wiederum zahlreiche Dialekte gibt. Jeder Stamm entwickelte im Laufe der Zeit seine eigene sprachliche Identität. Es wird angenommen, daß zur Zeit der Ankunft der Weißen mehr als tausend Sprachen gesprochen wurden, aber von diesen wurden nur 221 genau erfaßt.
Einige Stammesnamen weisen auf die Sprachen hin. Die grau schraffiert gezeichneten Regionen entsprechen den sieben wichtigsten kleineren isolierten Sprachgemeinschaften.

DER SÜDOSTEN

DIE ALLIGATORMENSCHEN

Nachdem Amerika von den europäischen Ankömmlingen »entdeckt« worden war, begann die Zeit der Forschungsreisen und Eroberungen. Die Spanier siedelten sich in Mittelamerika auf den Antillen an, und von da aus starteten die Kapitäne ihre »Eroberung« der neuen Landgebiete im Westen und Süden. Sie kamen nicht als Gäste, sondern als Herrscher und Plünderer.

Sie waren von der Weite des unbekannten Kontinents tief beeindruckt, und die Erforschung des Pazifischen Ozeans 1513 durch Balboa schien die Hoffnung, daß hier riesige Reichtümer zu gewinnen seien, nur zu bestätigen. Die Suche nach der sagenhaften Nord-West-Passage nach Indien und die Gier nach Gold trieben die Spanier in ihrem unablässigen Drang nach Eroberungen immer weiter voran.

einzunehmen. Aber in der zweiten Hälfte des 16. Jahrhunderts verstärkten sich die Eroberungsgelüste der Franzosen und Engländer, und so sahen sich die Spanier erneut zum Handeln gezwungen, um ein Gebiet zu sichern, das sie als Teil ihres Einflußbereichs betrachteten.

Spanien, Frankreich und England verfolgten jeweils ihre Interessen und versuchten dazu, die Ureinwohner auf ihre Seite zu ziehen. In weniger als zwei Jahrhunderten besiegelten unaufhörliche Kriege und Krankheitsepidemien das Schicksal der großen Stämme entlang der Atlantikküste: Sie wurden entweder fast ausgerottet oder brutal nach Westen gedrängt.

Die Region im Südosten umfaßt die heutigen Staaten Louisiana, Mississippi, Alabama, Tennessee, Florida, Georgia, Süd-Carolina, einen Großteil von Nord-Carolina und Ost- und West-Virginia, also alle Staaten im Süden vom Rio Bravo bis zur Meerenge von Pamlico. Vor der Ankunft der Europäer führten die Einwohner hier ein paradiesisches Leben, denn ein feuchtes, mildes Klima sorgte für Nahrung im Überfluß. Zu Beginn des 16. Jahrhunderts wurde die Bevölkerung auf mehr als eine Million geschätzt.

Ponce de Léon war schon 1513 in das Land im Norden vom Golf von Mexiko eingedrungen. Dabei waren zahlreiche Calusas von den Weißen ermordet worden. Bei seiner zweiten Reise 1521 wurde er selbst tödlich verletzt. Von diesem Zeitpunkt an widersetzten sich die Indianer allen spanischen Eindringlingen. Nacheinander und mit immer schrecklicheren Auswirkungen landeten Vasquez de Ayllon, Panfilo de Narvaez und Hernando de Soto in Florida und bahnten sich einen Weg ins Inland, der von Mord, Raub und Zerstörung gezeichnet war. Zu den kriegerischen Zusammenstößen kam noch die Ausbreitung der von den Spaniern eingeschleppten Pocken. Da das Immunsystem der Ureinwohner dieser Seuche keine Abwehrkräfte entgegensetzen konnte, starben viele.

Keiner der drei Eroberer kehrte von seinen Raubzügen lebend zurück. Aus den Berichten der überlebenden Expeditionsteilnehmer zogen die Spanier eine Lehre: im Norden gab es unermeßlich weite Ländereien, die von mutigen Menschen bewohnt und deshalb schwierig zu erobern waren.

Fürs erste hatten die Spanier nun kein Interesse mehr daran, Florida

Der Mississippi-Alligator (Alligator mississipiensis)

ist das größte Reptil des nordamerikanischen Kontinents. Er lebt in den Seen, den Flüssen, den Bayous und den Salzsümpfen, am stärksten verbreitet ist er in den Everglades in Florida und an der Mündung des Mississippi. Die Indianer hatten keine Furcht vor ihm.

DIE STÄMME FLORIDAS

Nach einer Beschreibung von Fontaneda, um 1650.

DIE CALUSA

- Ihr Name bedeutet soviel wie »Wildes Volk«.
- Sprache: eigene Sprache
- Sie lebten im Süden des heutigen Staates Florida.
- Nach archäologischen Funden wird angenommen, daß ihre Vorfahren dieses Gebiet schon seit 1400 Jahren v. u. Z. bevölkerten. Sie waren geschickte Holzbearbeiter, Bauern und Fischer. Auf dem Seeweg trieben sie Handel mit Kuba, vielleicht sogar mit Yucatan. Sie brachten Menschenopfer dar.
- Ihre Flotte von etwa 80 Kanus verjagte 1513 Ponce de Léon. Trotzdem gelang es den Spaniern am Ende des 16. Jhs., in Florida Fuß zu fassen.
- Die Bevölkerung wurde 1650 auf etwa 10 000 geschätzt. Hundert Jahre später gab es sie nicht mehr, wenige letzte Überlebende verbündeten sich mit den Seminolen, andere flüchteten nach Kuba.

Wenn diese Stämme in den Kampf zogen, geschah das entweder um eine Meinungsverschiedenheit auszufechten oder um eine Kränkung zu rächen, aber auch wegen der Sicherung der Jagdgebiete. Die Entscheidung zum Beginn einer solchen Aktion wurde immer lange in der Ratssitzung der Ältesten besprochen, die sich um den Häuptling der Gemeinschaft versammelte. Falls die Entscheidung für eine kriegerische Auseinandersetzung fiel, wurde ein Kriegshäuptling ernannt. Seine oberste Aufgabe war die Anstachelung der Männer zur Tapferkeit. Dann begannen die rituellen Vorbereitungen, die mehrere Tage andauern konnten und die Krieger körperlich fit und äußerst mutig machen sollten. Die Männer mußten dann jeden Kontakt mit Frauen vermeiden und fasten. Sie nahmen während dieser Zeit nur Brechreiz auslösende Getränke zu sich, die aus Pflanzen gewonnen wurden. Dieses Reinigungsritual wurde von Tänzen begleitet, und es wurden die Taten der Vorfahren besungen. Die Vorbereitungen schlossen mit einem Festmahl aus Gerichten von Tieren, denen großer Mut oder Treue nachgesagt wurde, wie dem Hirsch oder dem Hund. Als letzte Vorsichtsmaßnahme wurde die Zukunft gedeutet: Waren die Zeichen nicht günstig, so wurde die Unternehmung abgeblasen, waren sie günstig, brachen die Krieger auf, in den Farben des Krieges und des Todes rot und schwarz bemalt. Diese Kriegszüge waren immer von kurzer Dauer: Nachdem sie gekämpft, ein paar Skalps erbeutet (viele indianische Stämme glaubten, in den Haaren sei der Sitz der Seele), Gefangene gemacht, ihr Zeichen zurückgelassen hatten, kehrten sie im Triumph zu ihren Dörfern zurück. Die Rückkehr der siegreichen Krieger wurde mehrere Tage mit neuen Zeremonien gefeiert. Erst danach entschied sich das Schicksal der Gefangenen: Adoption, Sklaverei oder Tod.

Um sich vor feindlichen Überfällen zu schützen, errichteten die Stämme im Südosten um ihre Dörfer Palisaden, die oft mit einem Wachturm versehen waren. Jedes Dorf gruppierte sich um den Mittelpunkt aller wichtigen Aktivitäten: das Beratungshaus, den Versammlungsort der Ältesten, den Platz, wo die Jüngeren sich im Bogenschießen übten oder wo Lacrosse gespielt wurde. Bei diesem Ballspiel wurde ein mit Moos gefüllter Hirschlederball von den Spielern mit je zwei Schlägern über das Spielfeld getrieben. Diesen Sport betrieben die Stämme im Südosten mit besonderer Wildheit, denn dabei zeigten sich die Eigenschaften eines zukünftigen Kriegers.

Ihre Lebensweise hatten sie den Lebensbedingungen ihrer Umgebung angepaßt. Sie lebten in einer fruchtbaren Landschaft und betrieben erfolgreich Landwirtschaft (Mais, Kürbisse, Sonnenblumen). So war die Ernährung ihrer Gemeinschaften ausreichend gesichert. Es gab genügend Wild, und sie waren geschickte, erfindungsreiche Jäger. Mit Tierfellen verkleidet, schlichen sich die Jäger auf der Hirschjagd ihrem bevorzugten Wild an. Alligatoren wurden gefangen, indem man ihnen eine lange Stange in das Maul rammte. Kleinwild oder Vögel jagten sie mit Blasrohren, die über eine Entfernung von über 20 Metern ihre tödlichen Pfeile schleuderten. Alle diese Stämme verfügten über eine ausgezeichnete Kenntnis von Heilkräutern. Die Ani Yunwiya und die Chickasaw verwendeten über 800 Pflanzenarten als Nahrung, Medizin und zur Herstellung von Matten, Körben oder Geräten.

Der Seifenbaum kommt vor allem in den subtropischen Regionen der USA vor. Er enthält Saponin, einen schaumartigen Pflanzensaft, der als natürliches Reinigungsmittel genutzt wird, aber auch als Gift zum Fischfang. Der Saft hat eine betäubende Wirkung auf Fische, die mit Vorliebe die Samen des Seifenbaums fressen. Die Ureinwohner machten sich diese Wirkung beim Fischfang in den Seen und Sumpfgebieten Floridas zunutze.

Der Wildtruthahn (Meleagris gallopavo) war im gesamten Südosten verbreitet. Für die Indianer gehörte er zum bevorzugten Wild, obwohl manche Stämme ihn für dumm und faul hielten und sich weigerten, sein Fleisch zu essen, um nicht diese Eigenschaften zu übernehmen.

DIE TIMUCUA

• Der Name bedeutet soviel wie »Herrscher« oder »Meister«.

• Sprache: eigene Sprache

• Sie lebten im Norden des heutigen Staates Florida.

• Feldwirtschaft, Jagd und Fischfang. Sie lebten in Rundhäusern in befestigten Dörfern.

• Als Seeleute trieben sie Handel mit Kuba.

• Nachdem die Franzosen und die Spanier die Timucua fast ausgerottet hatten, schlossen sich die Überlebenden den Muskogee an, die selbst Vertriebene aus dem Norden waren. Aus dem Zusammenschluß von Apalachee, Timucua, Calusa und Muskogee wurden die Seminolen.

• Um 1650 gab es noch etwa 13 000, schon wesentlich weniger als noch 100 Jahre zuvor, und hundert Jahre später existierten sie nicht mehr als Stamm.

Nach John White, um 1650.

DIE APALACHEE

• Vom Choctaw-Wort »Apalachee« = »Volk von der anderen Seite« (vom Fluß Alabama).

• Sprache: Muskogee

• Sie lebten im Nordwesten des heutigen Staates Florida. Sie waren im 15. Jahrhundert aus dem Gebiet westlich des Mississippi eingewandert und bauten ihre Tempel auf Hügeln.

• Feldwirtschaft, Jagd, Fischfang.

• 1704 griffen 50 Engländer und 1 000 Muskogee Ayubale, die stärkste Festung der Apalachee, an und machten sie dem Erdboden gleich. Durch die englischen Überfälle wurden ganze Gebiete entvölkert.

• 1676 wurden sie noch auf etwa 5 000 geschätzt. Die wenigen Überlebenden schlossen sich den Muskogee an.

Nach einem Stich aus dem 16. Jh.

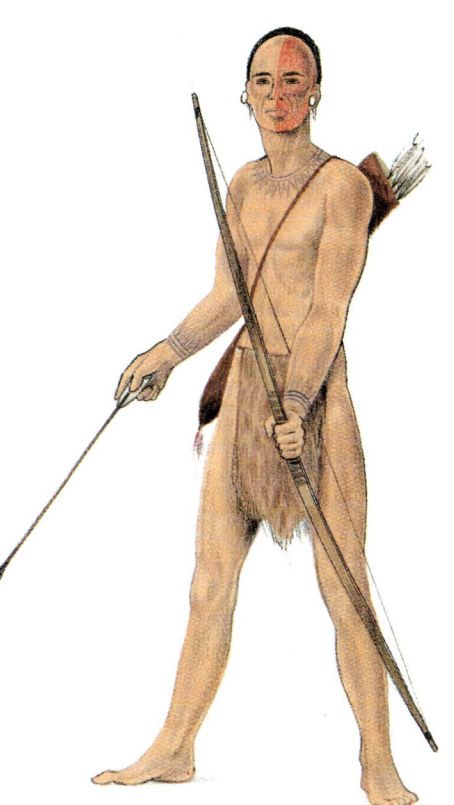

Nach einem Stich aus dem 17. Jh.

DIE NATCHEZ

• Die Herkunft des Namens ist ungewiß. Er könnte bedeuten: »Krieger von der steilen Felswand«.

• Sprache: eigene Sprache

• Sie lebten entlang des Mississippi.

• Feldwirtschaft (Süßkartoffeln, Kürbisse, Mais), Jagd, Fischfang.

• Das Volk teilte sich in zwei Hälften: den Adel und die Stinker. An der Spitze stand die »Große Sonne«, ein absoluter Herrscher mit göttlichen Ehren. Den Adligen war es bei Todesstrafe verboten, innerhalb ihrer Klasse zu heiraten. Der Adel wurde nur über die mütterliche Linie vererbt.

• Durch eingeschleppte Krankheiten aus Europa wurden sie stark dezimiert. Während ihres Aufstands 1729–1730 gegen die Franzosen wurden sie fast gänzlich ausgerottet. Dies war der erste historische Fall der Ausrottung eines indianischen Volkes.

• 1650 wurde die Bevölkerung noch auf 4 500 geschätzt.

DIE DEMOKRATEN AM MISSISSIPPI

Die Muskogee (Creek), ein großes Bündnis verschiedener Stämme, zeichneten sich durch ein hochorganisiertes Gemeinwesen aus, als Hernando de Soto sie als erster Europäer 1540 besuchte. Insgesamt 16 000 Bewohner bildeten mit 60 Stadtstaaten eine Konföderation. Jede Stadt wurde von einem öffentlich gewählten Magistrat verwaltet. Bevor über Handel, Krieg oder Frieden entschieden werden konnte, holten diese »Volksvertreter« die Meinung der Bürger ein. Endgültige Beschlüsse des Rates erforderten eine Volksbefragung, bzw. einen Volksentscheid.

So wurde persönliches Machtstreben verhindert. Berichte hierüber gelangten nach Europa und wurden dort von Philosophen begeistert aufgegriffen.

Im Gegensatz zu den Europäern verfügten die Muskogee über eine hochentwickelte Naturheilkunde und wußten um die Bedeutung von Hygiene.

Die Muskogee zählten zu den »Zivilisierten Nationen«, einem Bündnis der Ani Yunwiya (Cherokee), Chickasaw, Choctaw und Seminolen. In Anbetracht der kulturellen Leistung dieser Stämme erscheint der Satz der Puritaner »Die am wenigsten gebildete Rasse Amerikas (sie meinten damit die Ureinwohner) mußte der überlegenen geistigen und zivilisatorischen Kraft der weißen Rasse weichen« als absurd.

Schon 1730 berichteten englische Zeitungen voller Bewunderung von der Ani Yunwiya-Gesandtschaft in London und lobte sie für ihren »imponierenden Auftritt«, ihre »rhetorische Begabung«. Ab 1802 waren die Ani Yunwiya voll christianisiert. In der 1825 gegründeten Nationalakademie lehrten Ani Yunwiya-Professoren Medizin, Jura, Mathematik ebenso wie Sprachen. Zwischen den Ani Yunwiya und England wurde ein Staatsvertrag über einen ausgedehnten Waren- und ständigen Diplomatenaustausch geschlossen. Weil die Ani Yunwiya einen solchen Vertrag nie mit den USA schlossen und weil sie an der Seite Englands gegen illegale Siedler (Squatter) gekämpft hatten, wurde das von der amerikanischen Regierung als Anlaß genommen, ein allgemeines »Indianer-Aussiedlungsgesetz« zu verabschieden. Acht Jahre lang kämpften Ani Yunwiya-Politiker vor Gerichten dagegen, doch sie unterlagen, als der »Indianerhasser« Andrew Jackson Präsident wurde. 1830 wurde dieses Gesetz verabschiedet, und 1838 begann die Armee mit der Zwangsdeportation nach Oklahoma. Von 18 000 starben mehr als ein Viertel an den Entbehrungen. Weil die Ani Yunwiya während des amerikanischen Bürgerkriegs auf beiden Seiten kämpften, nahmen die siegreichen Nordstaaten das später zum Anlaß, die Souveränität der Ani Yunwiya-Nation für ungültig zu erklären. 1907 wurde Oklahoma offiziell als Staat der USA proklamiert, weil die mehr als 300 000 weißen Siedler, die von den Ani Yunwiya freundlich in ihr geordnetes Staatswesen aufgenommen worden waren, es als unerträglich empfanden, daß sie von 70 000 Indianern regiert wurden. Der indianische Traum von einem eigenen Staat war damit endgültig zerronnen.

Nach einem Stich aus dem 17. Jh.

DIE MUSKOGEE (CREEK)

- Sie nannten sich »Muskoke« nach ihrem wichtigsten Stamm.
- Die Engländer nannten sie »Creek« (Fluß), denn sie lebten an den Ufern des Ocmulgee-Creek.
- Sprache: Muskogee
- Sie lebten in den heutigen Staaten Georgia und Alabama.
- Zu den Muskogee gehörten viele verschiedene Stämme (Alabama, Apalachee, Shawnee, Natchez, Chickasaw u. a.) Ihre Dörfer waren befestigt.
- Feldwirtschaft (Mais, Melonen, Sonnenblumen), Jagd, Fischfang.
- Nachdem sich die Muskogee schon 1715 am Aufstand der Yamassi gegen die betrügerischen Kolonisten beteiligt hatten und geschlagen worden waren, verloren sie große Teile ihres Gebiets. Im Krieg 1813/14 wurden sie von den Amerikanern vernichtend dezimiert und danach gezwungen, weit weg nach Oklahoma ins Exil zu gehen, was als »Pfad der Tränen« ein trauriges Kapitel amerikanischer Geschichte überschreibt, weil ein Viertel der Ureinwohner während der Vertreibung starb.
- Zu Beginn des 18. Jh. lebten noch etwa 20 000 Muskogee. Ihre Nachkommen werden auf 12 000 bis 40 000 geschätzt. Die meisten leben heute in Reservationen in Oklahoma.

Muskogee-Dorf

Nach einem Stich aus dem 17. Jh.

DIE CHICKASAW

- Der Ursprung des Namens ist unbekannt.
- Sprache: Muskogee
- Sie lebten im Norden des heutigen Staates Mississippi.
- Jagd, Fischfang, Feldwirtschaft.
- Sie waren treue Verbündete der Briten und spielten im Süden die gleiche Rolle wie die Hodenosauni im Norden. Sie duldeten keinerlei Eindringen in ihr Territorium und kämpften gegen die Shawnee (1715 und 1745), die Irokesen (1732), die Franzosen (1736), die Ani Yunwiya (1769) und die Muskogee (1795). Mit den anderen Stämmen des Südostens wurden sie nach Oklahoma zwangsdeportiert.
- Um 1650 wurden sie auf etwa 8 000 geschätzt. Mitte des 20. Jhs. gab es noch etwa 5 000 Nachkommen.

Nach George Catlin, 1834.

DIE CHOCTAW

- Die Herkunft des Namens ist ungewiß. Die Franzosen nannten sie »Flachköpfe«, weil sie die Schädel ihrer Neugeborenen so formten, daß die obere Kopfhälfte spitz zulief.
- Sprache: Muskogee
- Sie lebten im Süden des heutigen Staates Alabama.
- Feldwirtschaft (Mais, Süßkartoffeln, Sonnenblumen). Sie jagten mit dem Bogen und dem Blasrohr.
- Genau wie die anderen der »Zivilisierten Fünf Nationen« gründeten die Choctaw gemeinsam mit den Chickasaw am Mississippi entlang blühende Gemeinwesen, die demokratisch organisiert waren. Da das Gebot der Nächstenliebe ihren Überzeugungen entsprach, akzeptierten sie schon früh das Christentum. Sie übernahmen von der europäischen Zivilisation, was ihnen zur Ergänzung ihrer eigenen Tradition geeignet schien. Sie wurden ebenfalls nach Oklahoma zwangsdeportiert.
- Zu Beginn des 18. Jh. lebten etwa 20 000 in 115 Dörfern. Die Volkszählung von 1985 nennt in etwa die gleiche Zahl. Die meisten leben in Oklahoma, einige in Mississippi und Louisiana.

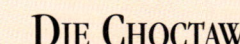

Nach einem Stich von 1762.

DIE ANI YUNWIYA (CHEROKEE)

- Ihr Name bedeutet »Wahre Menschen«. »Cherokee« stammt von dem Choctaw-Wort »Chi-luk-ki« = »Höhlenvolk«.
- Sprache: Irokesisch
- Sie lebten in den heutigen Staaten Tennessee, Georgia, Nord- und Süd-Carolina.
- Die Ani Yunwiya waren eine Demokratie mit einem Parlament, in dem auch Frauen Abgeordnete waren. Sie hatten Schulen, Akademien, eigene Zivil- und Strafgesetze und eine eigene geschriebene Verfassung. Zur Zeit der englischen Kolonialherrschaft blickten sie voller Verachtung auf die primitiven, barbarischen, amerikanischen Siedler herab. Ihr Volk gliederte sich in 7 Sippen. Ihre mehr als 60 Dörfer gruppierten sich um die »Hauptstadt« Echota.
- Als die britischen Kolonisten die Ani Yunwiya immer weiter nach Westen vertrieben, schlossen sie sich 1790/91 dem Aufstand von Little Turtle (Kleine Schildkröte) an, der zum Sieg der Indianer von Wabash führte. Ihr Sachem Sequoyah erfand eine Schrift und gab eine Wochenzeitung heraus, den »Cherokee Phoenix«. Aber das Vordringen der Kolonisten und die Entdeckung von Gold auf ihrem Land verursachten schließlich ihre gewaltsame Vertreibung nach Oklahoma.
- 1650 wurden sie auf etwa 25 000 geschätzt, 1982 war diese Zahl auf 50 000 gestiegen. Die überwiegende Mehrheit lebt in Oklahoma, doch immer mehr wandern in das Land ihrer Vorfahren nach Tennessee und Nord-Carolina zurück.

DIE SONNENMENSCHEN

Nach George Catlin, 1838.

DIE TSOYAMA (YUCHI)

- Sie nannten sich »Menschen der Sonne«.
- Sprache: eigene Sprache
- Sie lebten im Osten des heutigen Staates Tennessee.
- Sie waren ursprünglich im Appalachen-Hochland ansässig und seit Anfang des 18. Jh. Teil der Creek-Konföderation, den »Fünf Zivilisierten Nationen«, mit denen sie auch 1836 nach Oklahoma zwangsdeportiert wurden. Einige wenige schlossen sich den Seminolen an.
- Um 1650 wurden sie auf etwa 1 500 geschätzt. 1930 lebten noch etwa 300 unter den Muskogee in Oklahoma.

DIE CATAWBA

- Ihr Name läßt mehrere Deutungen zu: von dem Choctaw-Wort »Katapa« = »abgetrennt, geteilt« oder von dem Yuchi-Wort »Kotaba« = »starke Männer«.
- Sprache: Sioux
- Sie lebten am Wateree (Catawba) in den heutigen Staaten Nord- und Süd-Carolina.
- Feldwirtschaft.
- Die Catawba sind ein Zusammenschluß von etwa 15 kleineren Stämmen, die sich aus Resten von Volksgruppen formierten, die durch Kriege und Epidemien im 17. Jh. stark dezimiert worden waren. Zusammen mit den Yamassi und Ani Yunwiya kämpften sie auf der Seite der weißen Siedler gegen die Tuscarora, nachdem die sich 1712 gegen die Übergriffe auf ihr Land gewehrt hatten.
- Durch Kriege und Pockenepidemien stark dezimiert, existierten von den Catawba 1775 nur noch ein paar Hundert.

Die Korallenotter (Micrurus fulvius) *kann bis zu 1,20 m lang werden. Diese äußerst giftige Art lebt in Felsengegenden genauso wie in Feuchtgebieten mit starkem Pflanzenbewuchs.*

Nach einem Stich aus dem 18. Jh.

Wie alle amerikanischen Ureinwohner lebten die Stämme im Südosten eng verbunden mit der Natur, die sie achteten. Sie teilten die Welt in drei Ebenen ein: eine Welt »der Höhe« voller Ordnung und Klarheit, einer Welt »der Tiefe«, in der die bösen Mächte hausten. Ein Gleichgewicht kann nur in der Zwischenebene erreicht werden, der wirklichen Welt der Menschen, Pflanzen und Tiere.

Auch die Tiere wurden in drei Gruppen unterteilt: die vierfüßigen Tiere, die der wirklichen Welt am nächsten stehen, und die durch den Hirsch symbolisiert werden; die Vögel, die mit ihren Flügeln die Welt der Höhe streifen, und die Schlangen, Echsen und Insekten, die die Welt der Tiefe berühren. Manche Tiere werden mit Furcht betrachtet und lassen sich keiner dieser Gruppen zuordnen: die Fledermaus und das Flughörnchen (vier Füße, aber des Fliegens mächtig), die Frösche und die Schildkröten (vier Füße, aber in Berührung mit der Welt der Tiefe), die Eule und der Puma (können in der Nacht sehen) und einige Schlangen, die sich sowohl auf der Erde als auch in Bäumen fortbewegen können. Der Bär gehört zwar zu den vierfüßigen Tieren, kann aber wie der Mensch auf zwei Beinen gehen und ist deshalb etwas Besonderes: In den Augen der Ureinwohner war er ein Mann, der einst ein Leben als Mensch zurückgewiesen hatte und lieber als Tier leben wollte.

Für die Ureinwohner war die wirkliche Welt eine einfache und logische Konstruktion: wie eine Insel trieb sie auf den Gewässern und hing an vier Punkten am Himmel fest. Leider verschwand diese ebenso klare wie schlichte und poetische Weltanschauung mit dem Tag, als die Spanier, die »Männer aus Eisen«, und nach ihnen Eindringlinge aus anderen Ländern Europas in diese Welt mit Zerstörung, Krankheit und Mord eindrangen.

Die Diamant-Klapperschlange
(Crotalus adamantëus) *ist die größte*
Klapperschlange im Südosten. Ihr starkes Gift
macht sie besonders gefährlich.

Nach Charles Bird King, um 1826.

DIE IKANIUKSALGI (SEMINOLEN)

• Sie nannten sich »Menschen der Halbinsel«. Bei der Bezeichnung »Seminolen« handelt es sich wahrscheinlich um eine Verballhornung des spanischen »cimarron« = »wild«.

• Sprache: Muskogee

• Sie lebten im heutigen Staat Florida.

• Feldwirtschaft (Mais, Kürbisse, Tabak, Süßkartoffeln, Melonen), Jagd, Fischfang, Sammeln von Früchten. Sie züchteten Rinder von Tieren, die die Spanier dortgelassen hatten.

• Die Ikaniuksalgi (Seminolen) waren ein Mischvolk aus Ureinwohnern, die sich vor den immer weiter vorwärts dringenden Weißen hatten retten können (Yamassi, Apalachee, Ani Yunwiya, Red Sticks), und entlaufenen Sklaven. Nach 1858 wurden sie gezwungen, Florida zu verlassen, mit Ausnahme von etwa 300 Menschen, die von den Soldaten in den Sümpfen der Everglades nicht aufgespürt werden konnten.

• Um 1970 wurden etwa 4 000 Seminolen in Oklahoma und 2 000 in Florida gezählt.

Seminolen-Haus

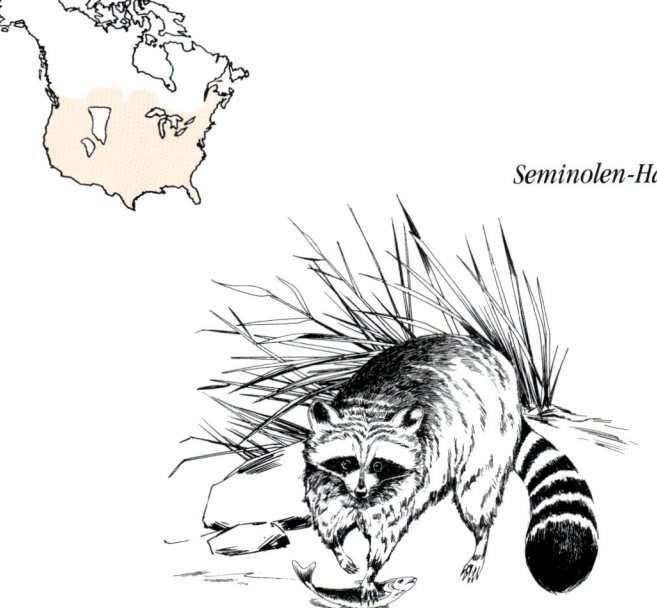

Der Nordamerikanische Waschbär (Procyon lotor) *lebt in bewaldeten Gegenden, entlang der Bäche und Seen. Als Allesfresser lebt er im Bereich seiner Höhle, meistens in einem hohlen Baumstumpf. Er verläßt sie nur während der Paarungszeit, dann sucht sich das Männchen ein Weibchen, bleibt einige Tage bei ihr und kehrt dann wieder zu seiner Wohnung zurück.*

Nach einer Photographie aus Harper's Weekly, 1858.

13

DIE GROSSEN WÄLDER

DIE BIBERMENSCHEN

In dieser Region setzten im 16. Jh. Franzosen und Engländer zum ersten Mal den Fuß auf den neuen Kontinent. Sie fanden eine weite Waldlandschaft vor, durchzogen von unzähligen Wasserläufen und Seen. Nur wenige Eingriffe in dieses Naturgebiet zeugten von der Gegenwart anderer Menschen: Dorfsiedlungen in Wassernähe, der Anbau von Mais oder Tabak auf einigen gerodeten Landflächen. Die Gewässer waren ungeheuer fischreich, und die Wälder waren vom Unterholz bis zu den Wipfeln voll von jagdbarem Wild. Im Frühjahr zogen die Indianer zu den Ahornbäumen, um den Sirup zu sammeln. Die Rinde wurde eingekerbt und die Flüssigkeit in Eimern aufgefangen. Dort hinein warf man glühend erhitzte Steine, um den Sirup zu Zucker einzukochen. Der Ahornsirup war ein wichtiger Bestandteil der indianischen Nahrung.

Als Fischer, Jäger, aber auch Feldbewirtschafter fanden die Indianer in den Wäldern alles Material vor, das sie brauchten, um Waffen und Werkzeuge herzustellen und um ihre Häuser oder Schutzzäune zu bauen. Die Bäume wurden über dem Boden in Brand gesteckt, um sie leichter fällen zu können, das Holz wurde mit Hilfe der Werkzeuge zugeschnitten, ausgehöhlt und geglättet. Diese Werkzeuge waren aus Stein, Knochen oder Muscheln. Damit schälten sie die Rinde der Baumstämme ab; gepreßt und in Stücke zerteilt wurde sie zum Bau der Dächer und Mauern der gemeinsamen Häuser verwandt, oder es wurden Kanus daraus hergestellt. Die längsten und weichsten Holzfasern wurden zur Herstellung von Seilen und Netzen benutzt. Wie alle anderen Ureinwohner ihres Kontinents wußten auch die Bewohner der großen Wälder, wie sie den besten Nutzen aus ihrer Umgebung ziehen konnten.

Auf diese Menschen trafen die Franzosen, und einige Jahre später die Engländer. Die Männer trugen Federhauben und bemalten sich Gesicht und Körper mit bunten Farben. In den Aufzeichnungen der verwunderten Ankömmlinge wurden ihre phantasievollen Bemalungen so beschrieben: »die Nase blau angemalt ... die Stirn und die Wangen schwarz ... rote, blaue und schwarze Streifen am Mund und den

Ohren ... das Gesicht völlig schwarz bis auf die Stirn, die Ohrmuscheln und das Kinn... ein schwarzer oder roter Streifen von einem Ohr zum anderen ... das Gesicht zur Hälfte grün, zur Hälfte rot«. Die Bemalungen ergänzten Tätowierungen, die die Jugendlichen beider Geschlechter oft an sich vornehmen ließen. Eine Tätowierung sollte der Beschwörung eines beschützenden Geistes dienen, etwa einer Naturgewalt oder eines Tieres, das ihnen in Träumen oder Visionen erschienen war. In einigen Stämmen – wie bei den Neutre oder Erie – bedeckten die Tätowierungen den ganzen Körper wie ein phantastischer Schmuck.

In diesem riesigen Gebiet (3000 km von Osten nach Westen und etwa 2000 km von Norden nach Süden) wurde Algonkin in vielen Dialekten gesprochen. Die einzige Ausnahme bildeten die Winnebago, die entlang der Ufer des Michigan-Sees und der dort mündenden Flüsse lebten und Sioux sprachen. Die Stämme der Hodenosauni im Osten und Süden des Ontario-Sees und die Tuscarora im Küstengebiet des Atlantiks, im heutigen Nord-Carolina, gehörten zu den Irokesisch sprechenden Stämmen.

Der Biber (Castor fiber) *war über den gesamten amerikanischen Kontinent verbreitet und lebte in den Sümpfen, Flüssen, Seen und Bächen. Weiden, Birken, Pappeln und Ahornbäume waren seine Nahrung und sein Baumaterial. Weil das Biberfell zu Beginn des 19. Jhs. in Europa sehr begehrt war, wurde der Biber in weiten Teilen des Landes ausgerottet.*

LANGHÄUSER AM MEER

Nach John White, 1590.

Nach John White, 1590.

Ein Haus in der Stadt Secota

Von Norden bis Süden erstreckte sich das Gebiet der Tuscarora entlang der Küste des heutigen Staates New Hampshire, wo die Stämme der Sekota, Powhatan, Nantikoke, Lenni Lenape, Mohegan, Narragansett, Wampanoag und Massachusett friedlich nebeneinander lebten. Große Wälder voller Wild, eine fruchtbare Landschaft und der schier unerschöpfliche Reichtum des Meeres an Fischen, Schalentieren und Muscheln bewahrten sie vor allen Nahrungssorgen.

1584 landete an dieser Küste der Engländer Sir Walter Raleigh und schickte Arthur Barlow aus, um das Hinterland zu erkunden. Barlow berichtete von seinem Zusammentreffen mit den Ureinwohnern: »Das sind sehr liebenswerte Menschen, gastfreundlich, ohne Hinterlist oder Heuchelei. Sie scheinen in einem goldenen Zeitalter zu leben ...« Die Engländer siedelten auf Roanoke Island. Doch als ein Häuptling aus einem gefundenen Stück Blech mit dem ihm völlig unbekannten Königswappen darauf einen Pfeifenkopf machte, wurde er wegen Mißachtung der englischen Königin zum Tode verurteilt und aufgehängt. Die Indianer rächten sich für diesen Mord, und als John White 1590 nach Roanoke zurückkehrte, fehlte von den Kolonisten jede Spur. White ließ eine neue Kolonie von 122 Männern in Roanoke zurück,

doch auch die konnten die freundliche Aufnahme durch die Indianer nicht würdigen, und der zweite Siedlungsversuch mißlang ebenfalls. White sah seine Gefährten niemals wieder, aber er hinterließ eine Reihe von Zeichnungen, die Zeugnis vom Leben der Ureinwohner und ihrem Stammesleben geben. 1607 gründeten 44 Engländer erneut eine Kolonie auf dem Gebiet der Powhatan. Der Gouverneur John Smith nannte das Gebiet »Virginia«, nach dem Beinamen von Elisabeth I. Die Siedler hatten die Weisung, »die Eingeborenen nicht zu provozieren«, doch ihr religiöser Fanatismus, ihre Habsucht und ihr brutales Vorgehen brachte ihnen die Feindschaft der Indianer ein. Trotz der erzwungenen Heirat des Kolonisten John Thomas Rolff mit der Häuptlingstochter Pokahontas sahen die nächsten Jahre nur Verrat und Blutvergießen, denn das unaufhaltsame Vordringen der Kolonisten machte auch vor grausamen Verbrechen nicht halt: Während Friedensverhandlungen fielen die Engländer über ihre Gäste her und ermordeten sie, fielen in die Dörfer ein und ermordeten alle Einwohner. Den Indianern war ein Ausrottungskrieg nach europäischem Muster völlig unbekannt, sie kannten nur den Kampf von Mann gegen Mann.

Nach Wencelaus Hollar, 1645.

Diese Zeichnung nach einem Aquarell von John White vermittelt einen Eindruck von der Anlage eines algonkinschen Dorfes an der Küste des heutigen Staates Virginia am Ende des 16. Jhs.

A Nähe des Wassers

B Maisfeld mit einem Wächter in einem Unterstand, der die Vögel verjagen soll

C Gemeinschaftshäuser, die mit Matten bedeckt sind

D Gemüsegarten

E Dorfbewohner beim Essen

F Feuer bei einer heiligen Stätte

G Ritueller Tanz um Pfähle mit menschlichem Bildnis

DIE POWHATAN

• Ein Zusammenschluß von Stämmen um die Führergestalt von Wahunsonakock, den Häuptling der Potomac (zu denen u. a. die Stämme der Pamukei, Pokomoke, Rappahannock, Nansemond, Wicomi, Mattaponi gehörten). Die Weißen nannten ihn Powhatan und übertrugen diesen Namen auf das Bündnis.

• Sprache: Algonkin

• Sie lebten im Küstengebiet der heutigen Staaten Virginia und Maryland.

• Feldwirtschaft und Jagd.

• Sie hatten als erste unter der Invasion der Weißen zu leiden. Zwischen 1607, dem Gründungsdatum der ersten weißen Siedlung Jamestown, und 1675 gab es immer wieder Massaker, nur unterbrochen von kurzen Waffenstillständen. In etwas mehr als 60 Jahren wurden die Stämme der Powhatan ausgelöscht, die wenigen Überlebenden schlossen sich anderen Stämmen an.

GROSSVÄTER UND VÖLKER DES OSTENS

Ein typisches Beispiel für die Stammesgemeinschaften der Algonkin sind die Lenni Lenape, der wichtigste Stamm in diesem Gebiet. Ihre Gemeinschaften waren nicht straff organisiert, sondern ein loser Zusammenschluß von mehreren Familien, den Clans. Jedem Stamm stand ein »Sachem« voran, der aufgrund seiner Weisheit in dieses Amt gewählt wurde, aber nur beschränkte Befehlsgewalt besaß, weil er den Entscheidungen vom »Rat der Alten« folgen mußte. Wenn er starb, wurde der Sachem durch einen nahen männlichen Verwandten ersetzt, der aber über eine Frau mit ihm verwandt sein mußte, z. B. durch den Sohn seiner Schwester. Die Gemeinschaft der Lenni Lenape war matrilinear organisiert, das bedeutet, daß Besitz oder Macht durch die weiblichen Verwandten vererbt wurde. Deshalb besaßen die Frauen, vor allem die Clan-Mütter bedeutenden wirtschaftlichen, religiösen und politischen Einfluß.

Die Lenni Lenape lebten an den Ufern des Delaware in Unterkünften von sehr unterschiedlicher Bauweise. Sie reichte vom »Wigwam« der Familie bis zum großen Gemeinschaftshaus. Die Lenni Lenape verehrten »Manitu«, das höchste Wesen, eine gewaltige Kraft, die sie sich als Vermittler zu den Mächten der Natur vorstellten. Der Große Geist existierte überall, in jedem Lebewesen und in jedem Ding.

Nach Peter Martensen Lindstrom, 1653.

DIE LENNI LENAPE (DELAWAREN)

- Sie nannten sich »echte Menschen« oder »Menschen unter Menschen«. »Delawaren« ist abgeleitet von Lord de la Warr, einem Gouverneur von Virginia.
- Sprache: Algonkin
- Sie lebten in den heutigen Staaten Delaware, New Jersey und im Osten Pennsylvanias.
- Jagd, Fischfang und Feldwirtschaft. Sie waren bei ihren Brudernationen hoch angesehen, was sich darin zeigt, daß man sie ehrfurchtsvoll »Großväter« nannte. Sie waren in drei Clans (Sippen) organisiert: Munsi (Wolf), Unalachtigi (Truthahn) und Unami (Schildkröte).
- Nach blutigen ersten Begegnungen mit den Holländern unterzeichnete der Lenni Lenape Sachem Tammady 1683 mit dem Quäker William Penn einen Vertrag, der den Frieden der nächsten 50 Jahre sicherte. Aber die Söhne Penns stahlen 1737 den Lenni Lenape während des »Walking Purchase« neun Zehntel ihrer Ländereien. (Ein »Walking Purchase« ist ein erzwungener Vertrag, bei dem die Indianer so viel Land »verkaufen« mußten, wie ein Kolonist in eineinhalb Tagen umschreiten konnte.) Die Ureinwohner zogen sich daraufhin in die Täler des Susquehanna und des Ohio zurück. Sie nahmen an den letzten Aufständen im Osten unter Little Turtle (1790) und Tecumseh (1812) teil.
- Es gibt eine Delawaren-Reservation in Oklahoma.

Der Nordosten der USA ist durchzogen von Flüssen und Seen. Dort machten viele Wildvögel auf dem Weg von Kanada zum Golf von Mexiko Rast. Deshalb war diese Gegend ungeheuer reich an Wasservögeln. Unter diesen waren die von den Jägern begehrtesten:

A Kanadagans (Branta canadensis).

B Stockente (Anas platyrhynchos).

C Brautente (Aix sponsa).

Nach einem John Winthrop gewidmeten Portrait, 1637.

DIE NARRAGANSETT

• Sie nannten sich »Menschen des kleinen Orts« (gemeint ist damit die Erde).

• Sprache: Algonkin

• Sie lebten in den heutigen Staaten Rhode Island und Connecticut.

• Feldwirtschaft.

• Sie waren der mächtigste Stamm im Norden Neuenglands. Das machte sie zum Jagdwild für die Puritaner, von denen der Ausspruch »Nur ein toter Indianer ist ein guter Indianer« stammt. Sie nahmen am Aufstand der Wampanoag teil.

• Um 1900 gab es noch 25 Narragansett.

DIE WAMPANOAG

• Ihr Name bedeutet »Volk des Ostens«.

• Sprache: Algonkin

• Sie lebten im heutigen Staat Massachussets.

• Feldwirtschaft und Fischfang

• Nach gescheiterten Besiedlungsversuchen schickte man an Bord der »Mayflower« eine ganze Menschenladung nach Neuengland, darunter zwei Drittel politische Abenteurer oder Kriminelle. Ohne Erlaubnis erbauten sie eine Stadt und schlossen 1621 mit Massacoit, dem Sachem der Wampanoag, einen Friedensvertrag.

• Massacoits Sohn Metacomet führte einen blutigen Krieg gegen die Siedler. 1676 wurde er ermordet, und sein Volk war besiegt. Die Überlebenden wurden als Sklaven verkauft.

Nach Cyrus Dallin.

Die Algonkin-Stämme besuchten sich häufig untereinander, um ihre Erzeugnisse auszutauschen. Das waren freundschaftliche Treffen, wo auch die rituelle Pfeife, das Kalumet, miteinander geraucht und geredet wurde.

Wenn sich – was selten vorkam – die Stämme gegenseitig befehdeten, ging es weniger um Raub und Vorherrschaft oder Eroberungen, sondern darum, sich den eigenen Mut und Tapferkeit zu beweisen.

Die ersten Begegnungen zwischen den amerikanischen Ureinwohnern und den europäischen Ankömmlingen waren geprägt von Gastfreundschaft und Arglosigkeit auf der einen und Grausamkeit und Unmenschlichkeit auf der anderen Seite. Friedliches Miteinander gab es nur, wenn die Kolonisten zahlenmäßig völlig unterlegen und in einer hilflosen Lage waren, z. B. an Hunger oder Krankheit litten. Die Indianer kannten Ausrottungskriege nach Art der Weißen nicht und verstanden auch nicht, daß die Weißen auch in Friedenszeiten andere Menschen hängten, vierteilten oder einsperrten. Ein Grundmißverständnis im Zusammentreffen der beiden Kulturen beruht auf der Tatsache, daß die Indianer ihr Land gemeinschaftlich bebauten und keinen Privatbesitz kannten. Als die Europäer das ihnen überlassene Land nicht mehr an den Stamm zurückgeben wollten, sondern mit Waffengewalt »ihr« Eigentum verteidigten, war den Ureinwohnern eine solche Handlungsweise unverständlich.

Der Ahornzucker war eine wichtige Nahrung für die Oststämme. Die Ernte im Frühjahr war ein bedeutendes Ereignis im Leben der Ureinwohner. Eine Kerbe in den Stamm ließ den Saft in die Rindeneimer rinnen. Dann brachte man ihn in großen Kesseln zum Sieden.

ZWISCHEN DEM HUDSON UND DEM ST.-LORENZ-STROM

Weiter im Norden lebten die Stämme der Micmac, Malecit, Abnaki, Pennakuk in der gebirgigen Gegend des heutigen Staates Maine, wo die kalten Winde von Labrador herunterwehen und das Klima für Feldwirtschaft wenig geeignet ist. Als Halbnomaden konnten sie ihr Wigwam (Verballhornung von »wikiwhom«: Rindenhaus) überall rasch aufstellen: vier dünne Stämme wurden mit einem Strick zusammengebunden und mit Birkenrinde bedeckt. Die Ureinwohner konnten sich trotz des extremen Klimas immer reichlich mit Nahrung versorgen, denn in den Seen und Flüssen gab es Gänse, Enten und Biber in Massen.

Ihr Lieblingswild war der Elch, ein Einzelgänger, der viel Fleisch und Fell lieferte. Die Jagdtechniken waren je nach Jahreszeit: Fallen, Netze oder Anschleichen, verkleidet in andere Tierhäute. Im Herbst wurde der Elch durch den Ton einer Pfeife angelockt, die den Brunftschrei nachahmte. Im Winter konnte sich der Elch nur schwer im tiefen Schnee fortbewegen; auf Schneeschuhen konnte man sich dann an ihn heranschleichen und ihn aus nächster Nähe erlegen. Auf diese Weise jagten alle Elchjäger in den großen Wäldern der Subarktik.

Nach Kaulbach, Anfang des 19. Jhs.

Elchjagd im Winter

DIE MICMAC

- Von »Migmak« = »Verbündeter«.
- Sprache: Algonkin
- Sie lebten im heutigen Staat New-Brunswick und auf der Prince-Edward-Insel.
- Halbnomaden, Jagd
- Der französische Forscher Jacques Cartier traf auf sie 1534 im St.-Lorenz-Golf, als sie ihm Felle zur Begrüßung schenken wollten, aber er verjagte sie mit Kanonenschüssen.
- Als Verbündete der Franzosen verhinderten sie zunächst die Ansiedlung von Engländern in Nova Scotia und in New Brunswick. Die Franzosen hetzten die von ihnen christianisierten Micmac nicht nur gegen ihre Feinde, die Engländer auf, sondern verlangten von ihnen auch 1706 Unterstützung bei der Ausrottung der Beothuk in Neufundland.
- Die Micmac leben heute noch in Nova Scotia.

DIE ABNAKI

- Von »Waanaki« = »Menschen der Morgendämmerung«
- Sprache: Algonkin
- Sie lebten im Norden des heutigen Staates Maine.
- Jagd und Fischfang.
- Die Abnaki waren ein Bund verschiedener Stämme (Penobscot, Pennakuk). Sie wurden im Lauf des 17. Jhs. von den Jesuiten christianisiert.
- Als Verbündete der Franzosen führten sie einen erbitterten Krieg gegen die Engländer. Die rächten sich, indem sie eine ganze Gemeinde massakrierten, die der französische Pater Sebastien Rôle 1724 in Norridgewock gegründet hatte.
Geschwächt durch die Kämpfe und Pockenepidemien, legten die Abnaki ihre Waffen 1754 nieder. Dennoch kämpften 700 von ihnen im Unabhängigkeitskrieg auf Seiten der Amerikaner.
- Ihre Nachkommen leben heute in Quebec und in Maine.

Nach einem Aquarell, 1776.

Nach der Beschreibung eines holländischen Kolonisten, Anfang des 18. Jhs.

DIE MOHIKANER

- Mögliche Bedeutung: »Wölfe«, oder »Gezeiten« mit Bezug auf die Tide des Hudson.
- Sprache: Algonkin
- Sie lebten entlang des Hudson.
- Feldwirtschaft, Jagd, und Fischfang.
- Die Mohikaner führten Krieg gegen die Mohawk wegen der Kontrolle des Pelzhandels auf dem Hudson. Seit Beginn des 18. Jhs. verdrängten die englischen Siedler sie von ihrem Land. Wie die meisten der Algonkin-Stämme schlugen sie sich auf die Seite der Franzosen, später kämpften auch einige unter dem Befehl von General LaFayette im Unabhängigkeitskrieg auf Seiten der Amerikaner.
- Sie leben heute in einer Reservation in Wisconsin.

Der Elch (Alces alces) kann die Größe eines Pferdes erreichen, und sein Geweih hat manchmal eine Spannbreite von 1,5 m. Er lebt in den Wäldern und bevorzugt sumpfiges Terrain und Laubwälder. Im Sommer geht er als Einzeltier auf Nahrungssuche: Weidenlaub und Wasserpflanzen. Im Winter bewegt er sich in kleinen Rudeln und begnügt sich mit Reisig und Birkenrinde.

SENECA

CAYUGA

ONONDAGA

DIE IROKESEN-LIGA

Nach Benjamin West, 1759.

Das Territorium der Irokesen-Liga der fünf Nationen erstreckte sich hauptsächlich südlich vom Ontario-See. Die Seneca lebten im Westen, weiter in Richtung Osten folgten die Cayuga, dann die Onondaga, die Oneida und schließlich die Mohawk. Die Landschaft der Großen Seen ist geprägt von den Spuren der letzten Eiszeit. Weite Wasserflächen werden eingefaßt von bewaldeten, fruchtbaren Hügeln. Einiges läßt darauf schließen, daß die Hodenosauni (Irokesen) die Urbevölkerung in diesem Gebiet waren, auch wenn sie später von der Algonkin-Sprachfamilie eingeschlossen wurden.

Nachdem die fünf Nationen sich im 15. Jh. wahrscheinlich wegen der Jagdgebiete völlig zerstritten hatten, gelang es dem weisen Häuptling Deganawidah, dem blutigen Bruderzwist ein Ende zu setzen. Sein Unterhändler Hiawatha konnte die Stämme davon überzeugen, daß sie ihre Kräfte vereinen sollten, statt sich weiterhin zu befehden. Jeder Stamm behielt seine Handlungsfreiheit, gleichzeitig verschaffte der Bund den einzelnen Mitgliedern mehr Stärke. Ein Senat vereinigte alle gesetzgebende und ausführende Macht, Frauenabgeordnete besaßen ebenfalls Einfluß. In diesem System sicherten die Männer die Macht nach außen, doch die Frauen waren die Oberhäupter im Clansystem, das auf Mutterfolge und Mutterrecht aufgebaut war, und waren im kommunalen Bereich führend. Die Kinder folgten dem Clan der Mutter, Erben des Mannes waren die Kinder seiner Schwester. Der Besitz blieb immer Eigentum der Frau. Dieses Gleichgewicht in der Machtverteilung zwischen den Geschlechtern hatte eine außerordentlich stabile innere Harmonie zur Folge.

Zur Zeit des englisch-französischen Konflikts im 17. und 18. Jh. um die Vorherrschaft in Neuengland kämpfte die Liga auf Seiten der Engländer und griff Dutzende von Siedlungen der Nachbarstämme an und zerstörte sie. Die Hodenosauni folterten und töteten Hunderte von Gefangenen oder aber adoptierten sie. Viele der Adoptierten fühlten sich später so zugehörig zu ihrem neuen Volk, daß sie sich bei Angriffen gegen ihre früheren Stämme beteiligten. Sogar die ebenso kriegerischen Wyandot (Huronen) wichen vor ihnen zurück. Als mächtigstes Volk in einer strategisch wichtigen Region kontrollierten die Hodenosauni den Pelzhandel bis zum Ende des 17. Jhs. Ihre pro-englische Parteinahme im englisch-französischen Krieg (1756 bis 1763) verhalf den Engländern zum Sieg. Doch als die Hodenosauni die Engländer im Unabhängigkeitskrieg gegen die Amerikaner unterstützten, um die mittlerweile verhaßten Eindringlinge loszuwerden, lieferten sie damit den späteren Siegern den Vorwand, sich grausam an ihnen zu rächen.

ONEIDA

MOHAWK

TUSCARORA

DIE HODENOSAUNI (IROKESEN)

• Sie nannten sich »Volk des Langhauses«. »Irokesen« kommt von dem Algonkin-Begriff »Irinakhoiw« für die Seneca: »echte Schlangen« und wurde von den Franzosen verballhornt.

• Die Liga der fünf Nationen bestand aus (von West nach Ost):

Seneca: Verballhornung ihres Namen »Tsonontouan« = »Volk des Großen Berges«

Cayuga: nannten sich »Kwennigowen« = »Söhne des finsteren Waldes«

Onondaga: »Onontaga« = »auf der Bergspitze«

Oneida: »Onayothaga« = »Menschen des aufragenden Steins«

Mohawk: »Menschenfresser«, sie nannten sich selbst »Kayingehaga« = »Hüter des Feuersteins«

• 1722 suchten die Tuscarora (»die Hanfsammler«) Schutz vor den Weißen bei den Hodenosauni und wurden als sechste Nation in den Bund aufgenommen.

• Sprache: Irokesisch

• Sie lebten an den Südufern des Ontario-Sees.

• Feldwirtschaft, Obstplantagen, Jagd. Jeder Clan wohnte in seinem Langhaus, einem Pfahlgerüst, das mit Birkenrinde gedeckt war.

• Im Großen Rat saßen 50 Sachems (8 Seneca, 10 Cayuga, 14 Onondaga, 9 Oneida, 9 Mohawk). Doch nur 8 Mohawk nahmen teil, denn keiner nahm den Platz von Hiawatha ein, dem Gründer der Liga. Die Hodenosauni behaupten noch heute (mit Recht), die Gesetze ihres Bundes hätten der Verfassung der Vereinigten Staaten zum Vorbild gedient.

• Ihrer Unterstützung verdanken die Engländer den Sieg im Krieg gegen die Franzosen. Während des Unabhängigkeitskrieges buhlten die Engländer um die Hilfe der Hodenosauni und erhielten sie. Unter dem Mohawk-Sachem Thayendanegea (»Captain Brant«) brachten sie den Amerikanern schwere Niederlagen bei. Nur die Oneida blieben neutral. Nachdem die Amerikaner gewonnen hatten, rächten sie sich grausam an den Hodenosauni. Die Überlebenden flohen nach Kanada.

• Sie leben heute in mehreren Reservationen im Staat New York, in Wisconsin (Oneida), Oklahoma (Seneca) und Kanada.

Irokesische Keule

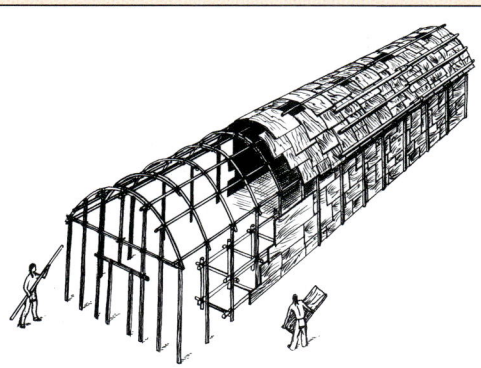

Bau eines irokesischen Langhauses

Die Hodenosauni wohnten in Langhäusern, die sich immer mehrere Familien eines Clans teilten. Ein Dorf bestand oft aus mehreren Langhäusern. Die nähere Umgebung des Dorfes war gerodet und wurde bebaut. Alle 15 oder 20 Jahre war der Boden ausgelaugt, und das Dorf wurde verlegt.

Wie bei einigen Algonkin-Stämmen, (vgl. Lenni Lenape, S. 18) spielten die Frauen in der Gemeinschaft eine besondere Rolle. Die Clanmütter bestimmten über den Besitz, sie entschieden über Ernte und Anbau und verwalteten die Nahrungsmittel in großen Erdhöhlen. Alle Sachems des Bundes kamen im Großen Rat zusammen. Wenn die Clanmütter mit den Entscheidungen der Sachems nicht einverstanden waren, konnten sie die absetzen und neue ernennen.

Nach Langdon Kihn, Ende des 18. Jhs.

Die Umgebung des Huron-Sees

Nach Samuel Champlain, 1615.

Nach einem Stich, 1847.

Die Wyandot (Huronen)

- Sie selbst nannten sich »Volk der Halbinsel«. Die Gefährten von Champlain, einem französischen Kartographen und Händler, bezeichneten sie wegen ihrer Haartracht als »Huronen« = »Langschädel«.
- Sprache: Irokesisch
- Sie lebten zwischen dem Huron- und dem Ontariosee.
- Feldwirtschaft (Weizen, Saubohnen, Sonnenblumen), Jagd, Fischfang.
- Die Dörfer bestanden aus Langhäusern, gedeckt mit Ulmenrinde.
- Vier Stämme waren in einem Bund zusammengeschlossen. Da sie zum Teil von französischen Missionaren christianisiert worden waren, verbündeten sie sich mit den Franzosen. Doch die gaben nur an getaufte Indianer Waffen aus. Das war der Untergang der Wyandot, 1648 wurden sie von den Hodenosauni deshalb fast ausgerottet.
- Die Nachfahren leben heute in der Reservation Wyandot (Oklahoma) und in Lorette (Quebec).

Die Region zwischen den Seen Ontario, Erie, Huron und Simcoe war ein fruchtbares Gebiet, durchzogen von zahlreichen Wasserläufen und Seen. Dort war das Gebiet der anderen Irokesen-Stämme. Der bedeutendste von ihnen war der Stamm der Wyandot (Huronen). Es gab viele Ähnlichkeiten zwischen den Hodenosauni und den Wyandot: gleiche Behausung, gleiche Kultur, gleiche Stammesorganisation.

Als Samuel Champlain 1609 zum ersten Mal auf Wyandot traf, waren die zu einem Bündnis mit den Franzosen bereit, weil sie sich von ihnen Hilfe im Kampf gegen die Fünf Nationen, ihre Erzfeinde, erhofften. Außerdem wollten sie als Zwischenhändler beim Pelzhandel fungieren. Diese Bündnistreue sollte später zu ihrem Untergang entscheidend beitragen.

Champlain reiste mehrere Monate durch das Gebiet der Wyandot und fertigte zahlreiche Zeichnungen an. Der Stamm wandte eine Jagdtechnik an, die ihn an »das schöne Frankreich« erinnerte: Treiber drangen laut im Wald vor und trieben das Wild in einen Hinterhalt, wo es leicht erlegt werden konnte. Champlain war beeindruckt von den Sitten der Wyandot anläßlich des Todesfestes, das alle zehn bis zwölf Jahre stattfand. Rindensärge, aufgestellt auf einer Plattform drei oder vier Meter über dem Boden, wurden geöffnet: das Fleisch wurde von den Knochen getrennt und verbrannt. Die Knochen brachte man, gewaschen und in Biberfelle eingewickelt, zum Dorf, wo eine besondere Zeremonie abgehalten wurde. Nach einem feierlichen Essen und rituellen Tänzen wurden die Knochen in eine Felsspalte geworfen, wo sie sich anonym mit anderen mischten. Das war für die Wyandot die Voraussetzung, damit die Seelen über die Milchstraße abreisen konnten, hin zum Reich der Toten, wo Männer und Frauen wieder ihre gewohnten Tätigkeiten aufnehmen konnten: Jagd, Fischfang und Feldwirtschaft.

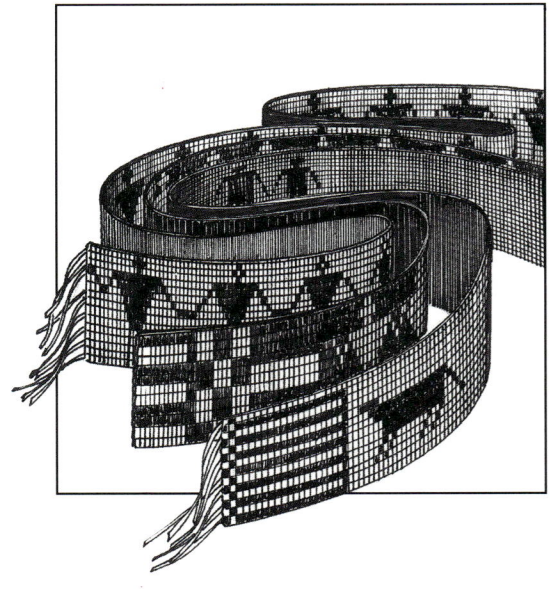

Um ein Ereignis zu feiern oder einen Vertrag zu besiegeln, fertigten die Algonkin und Irokesen »Wampuns« (Zusammenziehung des Algonkin-Worts »Wampumpeag«) aus zylindrischen Muschelstücken, die wie die Perlen einer Kette aufgefädelt und zu einem Gürtel oder einer Schärpe zusammengefaßt wurden. Sie dienten als Schmuck, später als Erinnerung an besondere Ereignisse. Gelegentlich wurden Wampunschnüre auch als Zahlungsmittel benutzt.

Nach Joshua Jebb, 1815.

DIE OTTAWA

- Von dem Algonkin-Wort »adawe« = »Handel treiben«
- Sprache: Algonkin
- Sie lebten an der Küste der Georgianbai und auf der Insel Manitoulin nördlich des Huronsees.
- Gartenfeldbau, Jagd, Fischfang, Tauschhandel.
- Von den Irokesen bis nördlich des Michigansees zurückgetrieben, wurden die Ottawa zu Anhängern der Franzosen. Nach dem Friedensvertrag zwischen England und Frankreich 1763 verweigerte ihr Häuptling Pontiac die Unterwerfung unter die Engländer und kämpfte weiter.
- Unter dem Mohawk-Sachem Thayendanegea (von den Weißen »Captain Brant« genannt) kämpften sie gegen das Vordringen der Amerikaner. Aber in den Jahren 1785, 1789, 1795 und 1836 schlossen sie mehrere Verträge mit der amerikanischen Regierung und wurden gezwungen, ihr Land aufzugeben.
- Es gibt in Oklahoma eine Ottawa-Reservation, viele leben auch in Michigan und in Ontario.

Die Wyandot hatten Nachbarn, die sich mit ihnen gegen den gemeinsamen Feind, die Hodenosauni, verbündeten: im Norden die Algonkin (nach denen die gesamte Sprachfamilie benannt ist), und die Ottawa an den Ufern der Georgianbai. Die waren wie sie Bauern, Jäger und Fischer. Alle Stämme führten im Winter ein Leben als Halbnomaden. Um genügend Wild jagen zu können, entfernten sie sich in einem Umkreis von etwa 50 bis 100 Kilometer von ihrem Dorf. Dorthin kehrten sie im Frühling zurück: Die Frauen bestellten die Felder, und die Männer jagten in den nahen Wäldern. Der Fischfang bot eine willkommene Ergänzung des Speisezettels, deshalb waren ihre Kanus aus Birkenrinde ein wichtiges Fortbewegungsmittel auf den Seen und Flüssen.

DIE ALGONKIN

- Der Name kommt aus einem Algonkin-Dialekt von »Elakomkwik« = »Sie sind unsere Verbündeten« oder aus der Sprache der Micmac: »Algoomeaking« = »sie jagen die Fische mit dem Speer«.
- Sprache: Algonkin
- Sie lebten im Norden des St.-Lorenz-Stroms und des Huronsees im Osten von Montréal und an den Ufern des Ottawa-Flusses.
- Sie lebten in Stammesverbänden von einigen hundert Menschen, die sich in kleinere Jagdgruppen aufteilten, und wohnten in großen Holzhäusern mit Dächern aus Birkenrinde.
- Feldwirtschaft, Fischfang.
- Seit ihrer Begegnung mit Champlain 1603 waren sie treue Verbündete der Franzosen und Feinde der Irokesen. Im Norden haben wir es hauptsächlich mit Jägern, Fischern und Sammlern zu tun, im Süden und weiter nach Westen waren sie meist Feldbauern.
- 4 000 bis 5 000 Algonkin leben heute im Osten von Ontario und westlich von Quebec.

Nach einer anonymen Zeichnung, 1774.

Bei den »Wildreismenschen«

Die Anischinabe waren Nomaden und lebten nördlich des Oberen Sees. Sie ernährten sich sowohl von dem Wild in den Wäldern als auch von dem Fischreichtum in den Gewässern. In der Nähe der Green Bay, im Nordwesten des Michigan-Sees, bildeten die Menomini eine Ausnahme. Sie waren seßhafter als ihre Nachbarn und ernährten sich vom Fischfang, besonders vom Stör, und ernteten den Wildreis. Diese Art wilder Hafer wucherte an den morastigen Ufern der Flüsse und Seen. Wie bei vielen Jägervölkern wurde der jährlich wiederkehrende Nahrungsmangel durch rituelles Fasten feierlich umgedeutet. Die Anischinabe-Frauen verrichteten, wenn sie wollten, auch Männeraufgaben, manche nahmen auch an Kriegszügen teil. Ihre liebste Sportart waren Wettläufe.

Die Menomini ernteten mehr Reis, als sie selbst brauchten. Er diente ihnen als Tauschware mit ihren nächsten Nachbarn, den Winnebago. Gegen den Reis tauschten sie bei den Winnebago, die Bauern waren, deren Überschüsse an Tabak und Mais. Sie konnten dort auch Büffelhäute einhandeln: als Halbnomaden verließen die Winnebago im Sommer ihr Dorf und gingen in den Prärien auf Büffeljagd. Das Bündnis zwischen den Menomini und den Winnebago bot ihnen zudem Schutz gegen die kriegerischen Sauk und Mesquakie im Süden.

Die Anischinabe (Ojibway)

• Sie nannten sich »Erste Menschen«. Von anderen wurden sie »Ojibway« oder »Chippewa« genannt. Für die Ijiniwok waren sie »Sie sprechen die gleiche Sprache«, für die Wyandot »Menschen des Wasserfalls«, für die Franzosen »Les Saultaux« (eine Zusammenziehung aus »Fälle von Sault-Saint-Marie«).

• Sprache: Algonkin

• Sie streiften in Familien umher. Nur während der Erntezeit wohnten mehr als fünf Familien zusammen.

• Sie waren Nomaden und Jäger, berühmt für ihren Fischfang und Kanubau. Ihre Wigwams aus Birkenrinde wurden von den Frauen hergestellt.

• Sie beteiligten sich am Pelzhandel und waren mit den Ottawa und Potawatomi verbündet, vor allem gegen die Mesquakie. Auf Seiten der Engländer kämpften sie gegen die amerikanischen Rebellen und unterstützten die Aufstände von Little Turtle (1790) und Tecumseh (1812).

• 1905 wurden sie auf etwa 30 000 geschätzt. Die Anischinabe leben heute entlang der amerikanisch-kanadischen Grenze, die Hälfte von ihnen in Reservationen. Heute zählen sie mehr als 75 000.

Nach Peter Rindisbascher, 1821.

Anischinabe-Tipi

Wildreis-Ernte

Diese Wasserpflanze ist eine Art Hafer (Zizania aquatica). Ihre weißen Körner sind von einer dünnen, schwarzen Haut überzogen und können bis zu 4 cm lang werden. Sie gedeiht in See- und Sumpfgebieten. Für die Ureinwohner in dieser Region war der Wildreis ein Grundnahrungsmittel. Bei der Ernteweise der Anischinabe fielen viele Körner ins Wasser und bildeten so die »Aussaat« für die neue Ernte. Die Körner wurden an der Sonne getrocknet, und der Wind blies die Spreu davon. Der Reis wurde gekocht und mit Ahornsirup gegessen.

DIE HOTCHANGARA (WINNEBAGO)

• Sie nannten sich »Volk mit der richtigen Sprache«; weil sie von lauter Algonkin-sprechenden Stämmen umgeben waren. »Winnebago« kommt von dem Algonkin-Wort »Winnipeg« = »Volk des schmutzigen Wildwassers«.

• Sprache: Sioux

• Sie lebten nördlich des Westufers vom Michigansee in festen Dörfern.

• Büffeljagd, Anbau von Mais, Tabak, Saubohnen und Kürbissen.

• Zunächst verbündet mit den Franzosen, später mit den Engländern, kämpften die Winnebago gegen die Amerikaner bis zum Ende des Aufstands von Black Hawk (1832). Sie wurden durch Epidemien stark dezimiert.

• Mitte des 17. Jhs. gab es noch ca. 4000. Sie leben heute zusammen mit den Omaha in einer Winnebago-Reservation in Nebraska.

Nach George Catlin, 1835.

Nach George Catlin, 1831.

DIE MENOMINI

• Der Name wurde abgeleitet von »Menominiwoks« = »Wildreismenschen«.

• Sprache: Algonkin

• Sie lebten zwischen dem Michigan- und dem Oberen See und glaubten, daß die Lebenskraft des Stammes im »Spirit-Rock«, einem großen Findling, versammelt sei.

• Sie waren seßhaft und friedliebend und mit den Winnebago verbündet, um ihre Feinde Sauk und Mesquakie in Schranken zu halten.

• Fischfang in den Großen Seen, Handel mit Wildreis und Ahornzucker. Die Frauen waren berühmt für ihre Flechtarbeiten, Taschen und Bänder, die sie aus Pflanzenfasern oder Büffelhaaren herstellten.

• Die Menomini beteiligten sich 1763 am Aufstand unter dem Ottawa-Sachem Pontiac.

• Die Nachkommen leben heute in einer Reservation bei den Großen Seen in Wisconsin, der »Spirit-Rock« wurde hier aufgestellt.

DIE GELBE ERDE UND DIE ROTE ERDE

DIE MESQUAKIE (FOX)

• Sie nannten sich »Volk der Roten Erde«. Die Weißen nannten sie »Fox« (= Fuchs) nach der Sippe mit dem Namen »Roter Fuchs«.

• Sprache: Algonkin

• Sie lebten südlich vom Michigansee und südlich vom Gebiet der Sauk. Als Halbnomaden betrieben sie Feldwirtschaft (Mais, Bohnen, Kürbis) und gingen auf Bisonjagd.

• Die Mesquakie hatten seit 1660 Kontakt mit Europäern und verbündeten sich mit den Engländern, als die Franzosen mit ihren Feinden, den Sioux, Handel trieben. Durch Betrug und brutale Gewalt wurden sie 1804 ihres Landes beraubt. Den Soldaten folgten Siedler, die sich in den verlassenen Mesquakie-Dörfern einquartierten und die hungernden Indianer ermordeten, als sie von ihren eigenen Feldern Mais holen wollten.

• Sie leben heute in Reservationen in Oklahoma und Iowa.

Nach Charles Bird King, 1837.

Nach George Catlin, 1835.

DIE SAUK

• Abkürzung ihres Namens, der »Volk der Gelben Erde« bedeutet.

• Sprache: Algonkin

• Sie lebten westlich vom Michigan-See, im Osten des heutigen Staates Wisconsin.

• Feldwirtschaft und Bisonjagd, Halbnomaden.

• Sie kämpften erst gegen die Franzosen, dann gegen die Engländer und später gegen die Amerikaner. Sie nahmen teil an den Aufständen von Pontiac (1763), von Tecumseh (zwischen 1801 und 1814) und erhoben sich 1832 unter ihrem Häuptling Black Hawk. Der Aufstand wurde blutig niedergeschlagen. Genau wie die Mesquakie wurden sie durch Betrug und Waffengewalt von ihrem Land in eine Reservation nach Kansas vertrieben, doch schon 20 Jahre später drängten die Siedlerströme die Sauk weiter bis nach Oklahoma, wo sie sich von dem kargen Boden kaum ernähren konnte.

• Ihre Nachkommen leben in Reservationen in Oklahoma und in Iowa.

Winterhütte der Sauk

Weiter im Süden lebten die Sauk, die Mesquakie und die Kickapoo, deren Gebiet im heutigen Staat Wisconsin lag. Sie waren Halbnomaden und lebten von Feldwirtschaft und der Büffeljagd. Sie waren Feinde der Lakota und Anishinabe und Verbündete der Iowa, Winnebago und Potawatomi. Ihre kriegerischen Auseinandersetzungen verliefen ganz anders als bei Europäern: keine Feldschlachten mit Armeen, sondern ein kurzer Zusammenstoß, ein »Coup«, zwischen einigen Kriegern, die ihre Tapferkeit unter Beweis stellen oder eine Beleidigung rächen wollten. Die siegreiche Rückkehr von solchen Auseinandersetzungen wurde mit Zeremonien gefeiert, z. B. mit der »Misekwe«, dem Tanz um den Skalp, wobei jeder Krieger von seinen Taten berichtete. Dabei war es verpönt zu übertreiben, das hätte die Verachtung der Kampfgefährten zur Folge gehabt. Solch ein Coup bei einem feindlichen Stamm konnte auch nur das Berühren eines feindlichen Kriegers mit einem Stock oder mit der Hand bedeuten, doch man mußte einen Beweis vorzeigen. Eine solche Leistung konnte dem Krieger einen neuen Namen einbringen, der dies Ereignis dokumentierte. Ein besonders mutiger Häuptling der Absaroke zum Beispiel hieß »Plenty Coups« (Viele Coups).

Das Leben der Stämme um die Großen Seen wurde von vielen Zeremonien bestimmt. Im 17. Jh. wird zum ersten Mal von der »Midewiwin«, dem »Großen Medizinhüttenbund«, berichtet. Ihre Zeremonien sollten die Mitglieder in der richtigen Lebensführung bestärken: Sie sollten ehrlich sein, sich respektvoll gegenüber Frauen verhalten und auf Alkohol verzichten, weil eine richtige Lebensführung Krankheiten besiegen und ein langes Leben garantieren sollte.

DIE POTAWATOMI

- Der Name bedeutet: »Menschen von der Feuerstelle«.
- Sprache: Algonkin
- Sie lebten am Ostufer des Michigansees.
- Halbnomaden, Jagd und Fischfang, Gartenfeldbau.
- Sie waren Verbündete der Franzosen gegen die Engländer und nahmen 1763 am Aufstand von Pontiac teil. Sie kämpften gegen die anrückenden Kolonisten und wurden 1846 aus Indiana nach Kansas vertrieben, wo sie auf den Widerstand der Pawnee stießen.
- Ihre Nachkommen leben heute in Reservationen in Oklahoma und Kansas. Einige sind auch in das Gebiet südlich der Großen Seen zurückgekehrt.

Nach Paul Kane, 1845.

DIE KICKAPOO

- Der Name stammt von »Kiwegapan« = »er hält sich dort auf«. Die Indianer der Great Plains (Prärien) nannten sie »Hirschesser« und die Huronen »Ontarahronon« = »Seevolk«.
- Sprache: Algonkin
- Sie lebten südlich des Westufers vom Michigan-See.
- Halbnomaden, Feldwirtschaft, Jagd.
- Sie nahmen 1763 am Aufstand von Pontiac teil, siegten am Fluß Miami 1790 über die Amerikaner und unterstützten Tecumseh. Beim Aufstand von Black Hawk 1832 spielten sie eine wichtige Rolle. In den Süden vertrieben, kämpften sie in Texas mit den Lenni Lenape und Ani Yunwiya vergeblich gegen illegale Siedler und verbündeten sich 1839 mit den Mexikanern, als die versuchten, Texas zurückzuerobern. Ein Teil des Stammes ging nach Mexiko ins Exil, um die Grenze gegen die Einfälle der Inde und Ne-me-ne zu verteidigen. Zwischen 1845 und 1861 wurde die indianische Bevölkerung in Texas ausgelöscht, als weiße Siedler sich illegal auf dem Land der Ureinwohner niederließen und sie verjagten oder ermordeten.

Nach August Schoeft, 1845.

DIE ALGONKIN DES SÜDENS

DIE MIAMI

- Von dem Algonkin-Wort »Omaugeg« = »Menschen der Halbinsel«.
- Sprache: Algonkin
- Halbnomaden, Gartenfeldbau, Büffeljagd.
- Die Miami wurden aus Wisconsin vertrieben und lebten dann im Norden der heutigen Staaten Indiana und Illinois.
- Nachdem ihre französischen Verbündeten sie im Stich gelassen hatten, leisteten sie Widerstand gegen den andauernden Raub ihres Landes. Eine bedeutende Miami-Frau war Marie Louisas, die als Sprecherin bei Ratsversammlungen und auch als Händlerin mit den Weißen sehr erfolgreich war.
- Die Nachkommen der Miami leben in einer Reservation in Oklahoma, zusammen mit den Peoria.

Nach George Catlin, 1830.

Nach Gwillim Simloe, 1790.

Bisonjagd

Im Süden vom Michigansee, in den heutigen Staaten Indiana und Illinois, lebten weitere Stämme der Algonkin-Sprachfamilie. Die Miami und Illinoi waren halbnomadische Völker, die Gartenfeldbau betrieben und auf Büffeljagd gingen wie ihre Nachbarn im Norden.

Südlich der Großen Wälder wohnten die Shawnee im fruchtbaren Tal des Ohio und lebten von dem, was sie anbauten. Sie unterhielten gute Beziehungen mit den Lenni Lenape im Osten und den Muskogee im Süden.

Als die amerikanischen Siedler immer weiter nach Westen vorstießen, drangen die vertriebenen Stämme ins Landesinnere vor und vertrieben die dort ansässigen weiter nach Westen. Die Shawnee führten dagegen einen verzweifelten Abwehrkampf. Ihr Häuptling Tecumseh brachte eine Allianz fast aller Stämme zwischen dem Ohio und dem Mississippi zusammen, doch die Stämme des Südostens konnte er nicht gewinnen, und sein Traum vom Zurückwerfen der Amerikaner ins Meer wurde nicht verwirklicht. 1813 wurde Tecumseh im Gefecht getötet.

20 Jahre später wurden die Shawnee nach Oklahoma zwangsdeportiert. Heute gibt es keine Nachkommen mehr.

DIE ILLINOI

- Französische Verballhornung von »Illiniwek« = »Mensch«.
- Sprache: Algonkin
- Sie lebten im Norden des heutigen Staates Illinois.
- Halbnomaden, Bisonjagd, Gartenfeldbau.
- Sie bildeten einen Stammesbund aus: Peoria, Kaskaskia, Tamaroa, Kahokia, Michigamea, Moingwena u. a.
- Sie waren Verbündete der Franzosen und wurden deshalb 1684 von den Irokesen nahezu ausgelöscht. Ein Illinoi tötete 1769 den berühmten Ottawa-Häuptling Pontiac.
- Nachdem sie gezwungen worden waren, ihr Land zu verkaufen, mußten sie nach Kanada auswandern. 1854 entstand nach einem Vertrag eine Reservation in Oklahoma für die Peoria, die Kaskaskia und die Stämme der Miami, Wea und Piankascha.

Nach George Catlin, 1830.

Nach Joseph Wabin, 1796.

DIE SHAWNEE

- Von dem Algonkin-Wort »Schawun« = »Süden«
- Sprache: Algonkin
- Sie lebten im Tal des Ohio und mußten von dort am Ende des 17. Jh. wegziehen. Ein Teil ging nach Pennsylvanien in die Nähe der mit ihnen verbündeten Lenni Lenape, der andere nach Georgia und Alabama. Die Shawnee-Frauen hatten ein Vorbehaltsrecht gegen die Kriegszüge ihrer Männer. Die Mutter oder eine nahe Verwandte des obersten Häuptlings wurde als »Friedensfrau« eingesetzt und hatte die Macht, unnötiges Blutvergießen zu verhindern.
- Seßhaft. Gartenfeldbau und Jagd. Ihre Felder und Obstgärten waren umzäunt, ihre Dörfer gut angelegt.
- Tecumseh war ein Häuptling und Sachem der Shawnee, außerdem ein außergewöhnlicher Politiker und Stratege, der versuchte, eine Allianz aller indianischen Stämme im Osten zu bilden, um die nachrückenden Siedler zurückzuwerfen und eine stärkere Position bei Verhandlungen mit den Weißen zu gewinnen. 1813 kam er bei einem Gefecht um, 20 Jahre später wurden die Shawnee nach Mississippi zwangsdeportiert, später mußten sie noch weiter nach Westen in die Reservation ziehen.
- Ihre Nachkommen leben in einer Reservation in Oklahoma.

DIE GREAT PLAINS

DIE BISONMENSCHEN

Das riesige Gebiet der Great Plains reicht von den kanadischen Staaten Alberta, Saskatchewan und Manitoba über Montana, Missouri, Wyoming, Nord- und Süd-Dakota und Teile von Nebraska, Iowa, Wisconsin, Minnesota, Arkansas, Kansas, Texas, Oklahoma, Colorado und Neu-Mexiko in den USA bis zum Golf von Mexiko. Im Osten werden die Great Plains durch das Tal des Mississippi begrenzt, im Westen durch die Rocky Mountains. Dieses Territorium ist etwa achtmal so groß wie die Bundesrepublik Deutschland. Die Region umfaßt verschiedene Klimazonen: Sie reichen von den Grassteppen in den Tälern des Missouri, des Platte, des Arkansas und des Red River bis zu den Trockensteppen von Süd-Dakota, Wyoming, Colorado und Texas.

Die verschiedenen Regionen hatten eines gemeinsam: die riesigen Bisonherden. Noch zu Beginn des 19. Jhs. schätzten Zeitgenossen die Größe der Herden auf 25 bis 30 Millionen Tiere. Jahr für Jahr zogen sie im Frühling von Südwesten nach Nordosten, und im Herbst wanderten sie zurück. Der Bison bildete die Lebensgrundlage der Prärieindianer, die ihn zuerst ohne Pferde oder Feuerwaffen jagten.

Eine Bisonart, die »Langhörner«, wurde schon 8500 Jahre v. u. Z. gejagt, wie Funde bei Kit Carson in Colorado gezeigt haben. Die Tiere wurden mit einer einfachen, aber wirkungsvollen Methode in Fallen getrieben: Die Jäger erschreckten sie mit lodernden Fackeln und jagten sie so zu einer natürlichen Senke im Gelände oder an den Rand einer Schlucht. Die Tiere stürzten kopfüber hinab und wurden dann mit dem Speer erlegt. Im Laufe von Jahrtausenden verschwanden die »Langhörner«, ihnen folgten nun die Bisons, die im weiten Grasland der Prärien ideale Lebensbedingungen vorfanden. Viele andere Tierarten teilten diesen Lebensraum mit ihnen: Antilopen, Hirsche, Bären und viele Arten von Vögeln und Kleinwild. Als die Menschen in diesem Gebiet im 8. Jh. eine Zeit von großer Trockenheit erlebten, mußten sie in feuchtere Regionen ziehen. Als die Klimaverhältnisse sich um 1400 wieder

normalisierten, kamen Völker anderer Sprachfamilien in dieses Gebiet: Algonkin zogen aus der Subarktik und von den Großen Seen nach Süden, Sioux kamen aus dem Waldland des Ostens, Athapasken aus dem Norden, Schoschonen und Nadi-ischa-Dena (Kiowa) aus dem Westen und Kaddo aus dem Süden. Ihre Blütezeit erlebte die Kultur der Präriestämme zwischen 1750 und 1850, bevor sie von den Weißen zerstört wurde.

Die meisten Präriestämme zogen als Nomaden durch die Prärien, immer auf der Suche nach Wild. Die Jagd war die wichtigste Tätigkeit. Der Bison lieferte mit seinem Fleisch nicht nur das Grundnahrungsmittel, sondern alles andere notwendige Material, was zur Herstellung von Werkzeugen, Kleidung und Unterkünften benötigt wurde: Felle und Häute, Hörner und Knochen, Sehnen und Fett. Die Bisonjagd bot den jungen Männern Gelegenheit zum Ausprobieren und Vervollkommnen ihrer Waffentechnik.

Der wichtigste Bewohner der Großen Ebene war der Bison (Bison bison), der fast ausgerottet wurde, und von dem es 1900 nur noch wenige Tausend gab. Heute leben etwa 30 000 Tiere in Naturschutzgebieten, den Nationalparks (»Wood Buffalo« in Kanada und »Yellowstone« in den USA).

Nach einer Photographie von 1860.

Nach George Catlin, 1832

Nach einer Photographie von 1860.

DIE SIKSIKA
(BLACKFEET = SCHWARZFUßINDIANER)

• Sie nannten sich »Schwarzfüße« wegen ihrer schwarz gefärbten Mokassins. Zu diesem Algonkinstamm gehörten als Untergruppen die Siksika, nach denen der gesamte Stamm benannt wurde, die Kainah und die Piegan.

• Sprache: Algonkin

• Sie lebten zwischen den Quellflüssen des Saskatchewan-Flusses.

• Bison- und Antilopenjagd. Sammeln von Früchten und Tabak.

• Als die Schoschonen um 1730 die Piegan angriffen, lernten diese zum erstenmal Pferde kennen. Seitdem galt erfolgreicher Pferdediebstahl als höchste Tugend. Sie waren ein rastloses, unternehmungslustiges Reitervolk und unternahmen lange Raubzüge nach Norden und bis an die mexikanische Grenze. 1832 überfielen die Siksika das große jährliche Trapper-Treffen, doch sie wurden vernichtend geschlagen. 1855 unterzeichneten sie mit den Nimipu, Kutenais u. a. einen Friedensvertrag, der 1870 von den Weißen gebrochen wurde, als sie ein Dorf der Piegan angriffen und 173 Menschen ermordeten. Nur 9 entkamen diesem Massaker. Danach wanderten die meisten Siksika nach Kanada aus, die in den USA mußten in eine Reservation nach Montana ziehen.

• Um 1780 wurden sie auf 15 000 geschätzt, 1937 lebten in Kanada 2 236 und in den USA 2 242. Heute werden sie auf etwa 10 000 geschätzt, die zur Hälfte in den Reservationen leben.

Die Geschicklichkeit und der Mut der Ureinwohner in den Great Plains wurden während der Bisonjagd auf eine harte Probe gestellt. Wenn keine großen Herden vorbeizogen, mußten die Jäger in kleinen Gruppen vorgehen: Unter Wolfsfellen verborgen, näherten sie sich ihrer Beute auf allen vieren. Die Bisons hatten zwar einen guten Geruchssinn, konnten aber nicht gut sehen und waren an die Gesellschaft von Koyoten und Wölfen gewöhnt, die die schwachen und kranken Bisons jagten. Die Jäger mußten sich so nah wie möglich heranschleichen, um mit möglichst jedem Pfeil zu treffen. Wenn sie jedoch zu dicht herankamen, liefen sie Gefahr, von einem Bison angegriffen zu werden. In einem solchen Fall überlebte der Jäger nur, wenn er äußerst treffsicher war. Vorsichtigere Jäger schmierten sich mit Tierfett ein und verbargen sich unter Bisonfellen. Auf diese Weise konnten sie so dicht herankommen, daß sie auf eine Stelle an der Schulter der Bisons zielen konnten, wo der Pfeil direkt ins Herz drang.

Die Ureinwohner jagten zwar das ganze Jahr über Bisons, aber die großen Jagdzüge fanden im Sommer statt. Wie ihre Vorfahren vor langer Zeit die »Langhörner«, so trieben auch sie die Bisons an einen Abgrund oder in eine Senke (in Alberta gab es noch im 19. Jh. eine solche Stelle, an die die Siksika die Bisons trieben). Der Erfolg der Jagd hing von der Disziplin eines jeden einzelnen ab. Wenn ein junger Jäger sich mit Bravourstückchen hervortun wollte, statt bei der gemeinsamen Jagd seine Arbeit zu tun, so wurde das schwer bestraft.

SIKSIKA UND ATSINA

DIE HAANINN (ATSINA)

• Sie selbst nannten sich: »Menschen der weißen Erde«. Ihre Verbündeten, die Siksika, nannten sie »Atsena« = »mutiges Volk«. Die Franzosen nannten sie »Gros-Ventre« (der Prärie, im Unterschied zu den Gros-Ventre des Flusses), nicht, weil sie dicke Bäuche hatten, sondern weil sie am »Big-Belly-Fluß« lebten.

• Sprache: Algonkin

• Sie kamen aus Manitoba und lebten im Norden des heutigen Staates Montana, entlang des Missouri.

• Nomaden, Büffeljagd.

• Sie waren mit den Inuna-Ina und den Siksika verbündet. 1870 mußten sie mit den Arikara und Numakaki in eine Reservation im felsigen Nordteil Montanas ziehen. Sie waren den Weißen gegenüber freundlich gesonnen und wurden von den amerikanischen Soldaten als »gute« Indianer bezeichnet.

• 1879 lebten noch etwa 1 700. Heute sind es noch etwa 1 000 in der Reservation (Fort Belknap) in Montana, wo sie mit den Assiniboin leben.

Jeder Stamm hatte sein eigenes Jagdgebiet, und wenn er außerhalb davon jagte, riskierte er einen Konflikt mit den Nachbarstämmen. Wenn die Nahrung für den Winter gesichert und das Gespenst des Hungers damit vertrieben war, wurde »Wakan« (= »das Große Geheimnis«) angerufen und ihm gedankt. Es wurden Reinigungszeremonien und Tänze veranstaltet, bei denen man die Geister der getöteten Bisons um Verzeihung bat und sich bei ihnen bedankte. Die amerikanischen Ureinwohner jagten, um den Lebensunterhalt zu sichern, Jagd als eine Art Sport, aus Lust am Töten war ihnen gänzlich unbekannt.

Die Ankunft der Europäer brachte den Prärieindianern zwei Neuerungen, die ihre Jagdtechnik völlig verändern sollten: das Pferd und die

Nach einer Photographie von 1870.

Feuerwaffe. Nun mußten sich die Jäger nicht länger anschleichen, sondern konnten in vollem Galopp an die Herden heranreiten und vom Pferderücken aus ihre Pfeile abschießen. Als sie dann Gewehre hatten, wurde die Jagd noch mehr erleichtert. Doch nun waren sie auch nicht mehr die einzigen Jäger: Gierig und rücksichtslos rotteten die Europäer in wenigen Jahrzehnten die riesigen Herden fast völlig aus, manchmal nur, um den getöteten Tieren die Zunge herauszuschneiden, die in Europa als Delikatesse galt und gut bezahlt wurde.

Traditionelle Bisonjagd

RUND UM DIE CHEYENNE

DIE DSITSITA (CHEYENNE)

- Sie nannten sich »Menschenwesen«. »Cheyenne« ist abgeleitet von dem Dakota-Wort »Scha Hi'yena« = »Volk der fremden Sprache«. Die Franzosen verkürzten das zu »Chiens« (= Hunde!).

- Sprache: Algonkin

- Nomaden, Bison-, Antilopenjagd. Die nördlichen Cheyenne waren mit den Lakota verbündet, die südlichen mit den Komantschen und Kiowa. Falls eine Cheyenne-Frau kriegerische Neigungen hatte wie Ehyophsta (Gelbhaarfrau), so gehörte sie einem besonderen Geheimbund an, dessen Frauen alle mit ihren Männern in den Kampf zogen.

- 1849 fiel ein Großteil des Stammes der Cholera zum Opfer. Als die Weißen sie unaufhaltsam zurückdrängten, leisteten sie erbitterten Widerstand, besonders nach dem Sand-Creek-Massaker, bei dem Soldaten ein wehrloses Winterlager überfielen und 300 Frauen und Kinder niedermetzelten. Nach der Schlacht am Little Big Horn wurden sie gezwungen, in eine Reservation zu gehen, wo sie, entgegen aller Versprechungen, hungerten. Sie brachen aus, doch ihre Flucht nach Kanada mißlang, und sie wurden von Soldaten in die Reservation zurückgetrieben.

- Heute leben etwa 5 bis 6 000 in Reservationen in Montana und in Oklahoma. Anfang des 18. Jhs. gab es ca. 3 500.

Nach einem anonymen Stich, 1840.

Nach einer Photographie, Ende des 19. Jhs.

Für die Nomaden-Gesellschaften lieferten die Bisons die Nahrung und alles andere, was sie zum täglichen Leben benötigten. Die Stiere wogen oft mehr als eine Tonne, die Kühe zwischen 650 und 800 Kilo. Das Fleisch wurde entweder frisch oder getrocknet verzehrt. Außerdem wurde daraus Pemmikan hergestellt: getrocknet und gemahlen, wurde das Fleisch mit Talg, Mark und Beeren vermischt und in Bisondärme gefüllt. Das ließ sich jahrelang lagern und war eine ausgezeichnete Kraft- und Winternahrung oder diente als Notration. Die Frauen konnten aus einer Bisonkuh bis zu 20 Kilo Trockenfleisch und 25 Kilo Pemmikan gewinnen.

Die Ureinwohner verwendeten nahezu alles vom Bison:
– Aus der gegerbten Haut fertigten sie Kleidung, Mokassins, Decken und Tipis. Die Mägen dienten als Wasserbehälter. Aus der ungegerbten Haut wurden Riemen hergestellt, und die Wolle wurde zusammengedreht zu Stricken.
– Aus den Knochen wurden je nach Größe und Form Kellen (aus den Schulterblättern), Werkzeuggriffe (aus den Rippen), Gefäße (aus dem Schädel) und verschiedene Werkzeuge wie Schaber, Nadeln, Ahlen hergestellt.
– Aus den Hörnern wurden Löffel geschnitzt.
– Der Mist wurde sorgsam gesammelt, da er in den baumarmen Gegenden im Winter das einzige Brennmaterial war.

Jeder Körperteil wurde verwertet: aus den Zähnen wurden kleine Werkzeuge gefertigt, das Hirn wurde zum Gerben verwandt, aus den Hufen wurde ein Leim gekocht, die Därme wurden für Pemmikan gebraucht, aus den Eingeweiden wurden Fäden und Bogensehnen gemacht, aus den Haaren wurden Seile gedreht, der Schwanz wurde zum Fliegenwedel.

In der Prärie gab es aber auch noch anderes Wild, das die Indianer jagten: Hirsch und Antilope. Antilopen waren wachsam und schnell, aber bei der Größe ihrer Herden, die die Größe der Bisonherden noch übertrafen, ergab sich für die Jäger immer wieder eine Gelegenheit.

Die Algonkin-Stämme der Subarktis und der großen Wälder im Osten, die Ijiniwok und die Anischinabe, lebten in einem den Great Plains benachbarten Gebiet. Einzelne Sippen dieser Stämme übernahmen immer häufiger die Kultur der Prärieindianer und gingen auch auf Bisonjagd. Sie heißen deshalb Prärie-Ijiniwok und Prärie-Anischinabe.

Nach George Catlin, 1845.

DIE PRÄRIE-IJINIWOK

• Sie verbündeten sich mit den Assiniboin gegen die Siksika und Lakota. Einige nahmen 1885 mit ihren Häuptlingen Poundmaker und Bigbear am Aufstand der Bois Brulés teil, die eine provisorische Regierung in Saskatchewan ausriefen.

• In der Mitte des 19. Jhs. wurden sie auf etwa 4000 geschätzt, ihre Nachkommen schlossen sich den Wald-Ijiniwok in der Reservation an und haben sich mit anderen Stämmen vermischt.

DIE PRÄRIE-ANISCHINABE

• Sie trennten sich im 18. Jh. von ihren Stammesbrüdern, den Wald-Anischinabe, und verbündeten sich später mit den Ijiniwok und Assiniboin.

• 1850 wurden sie auf 1 500 geschätzt, heute kann man sie nicht mehr identifizieren.

Nach George Catlin, 1845.

Die Pronghorn-Antilope (Antilocarpa americana) *erreicht Spitzengeschwindigkeiten bis zu 60 km/h und kann bis zu 6 m weit springen. Sie lebte in großen Rudeln, war aber wegen ihrer Schnelligkeit schwer zu jagen. Ihr Fleisch war eine wichtige Nahrungsgrundlage für die Prärieindianer.*

Nach einer Photographie von 1880.

DIE INUNA-INA (ARAPAHO)

• Sie selbst nannten sich »Wir Menschen«. Der Name Arapaho kommt von dem Pawnee-Wort »Karapihu« = »Händler«.

• Sprache: Algonkin

• Früher seßhaft. Sie kamen ursprünglich aus Manitoba, überquerten den Missouri und wanderten nach Süden bis Wyoming, wo sie Nomaden und Bisonjäger wurden.

• Sie waren mit den Dsitsita verbündet und kämpften gegen die Lakota, Nadi-ischa-Dena und Ne-me-ne bis zum Friedensvertrag von 1840. Danach waren die Schoschonen, Nu-Chi und Larapihu ihre Gegner. Sie kämpften an der Seite der Lakota und Dsitsita gegen die Weißen bis zum Vertrag von Medicine Lodge 1867. Dann wurden sie gezwungen, in die Reservation nach Oklahoma zu ziehen.

• Am Ende des 18. Jhs. wurden sie auf 3 000 geschätzt. Heute mögen es 4 bis 5 000 sein. Sie leben in zwei Reservationen, die eine in Wyoming, die andere in Oklahoma (dort mit den Dsitsita).

Nach einer Photographie von W. Dinwiddie, 1896.

DIE HERREN DER PRÄRIE

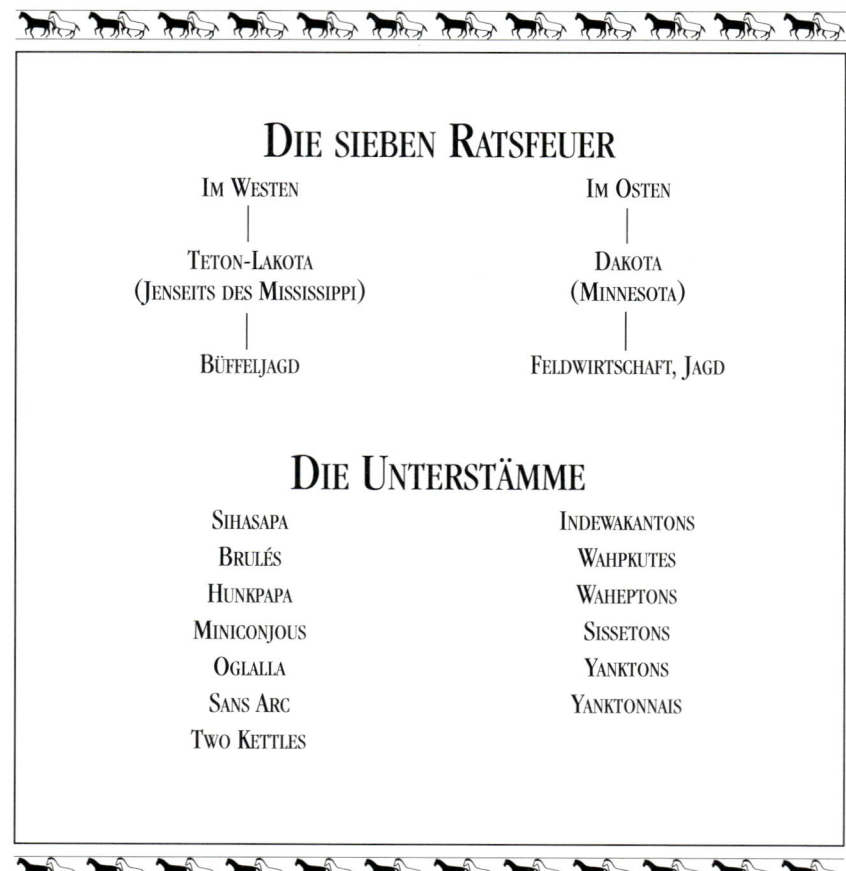

DIE SIEBEN RATSFEUER

IM WESTEN	IM OSTEN
TETON-LAKOTA (JENSEITS DES MISSISSIPPI)	DAKOTA (MINNESOTA)
BÜFFELJAGD	FELDWIRTSCHAFT, JAGD

DIE UNTERSTÄMME

SIHASAPA	INDEWAKANTONS
BRULÉS	WAHPKUTES
HUNKPAPA	WAHEPTONS
MINICONJOUS	SISSETONS
OGLALLA	YANKTONS
SANS ARC	YANKTONNAIS
TWO KETTLES	

Die Algonkin dominierten im Norden der Großen Prärien, zusammen mit den Sihasapa. Der Westen gehörte den Ani Yunwiya und den Inuna-Ina, aber den Sioux gehörten der Osten und die Mitte dieses riesigen Gebiets. Lange Zeit wurde irrtümlicherweise unter den Sioux immer nur der Stamm der Lakota verstanden, man behauptete einfach, er wäre der bedeutendste Stamm, dabei waren die Sioux (Abkürzung des Anischinabe-Wortes »Nadoweis-siw« = »Schlangen«. Daraus machten die Franzosen »Nadoues-Sioux«) kein Stamm, sondern eine Sprachgemeinschaft, der alle Sioux-sprechenden Stämme angehörten. Die Verwandtschaft zwischen dem Sioux und dem Algonkin beweist, daß die Sioux aus dem Osten stammen. Als die Anischinabe von den Franzosen mit Feuerwaffen ausgerüstet wurden, trieben sie die Sioux in einem jahrzehntelangen Ansturm vor sich her nach Westen. Es sind besonders die Sioux, die das europäische Bild vom Indianer prägten und zum Klischee werden ließen.

Beeindruckt berichteten Weiße von »furchtlosen, stolzen, kampfbesessenen Reitern«. Sie hatten kein Verhältnis zu persönlichem Eigentum und hielten die Natur, die Erde und den Himmel für unantastbar. Die Habgier der Weißen war ihnen unbegreiflich. An die zahlreichen, meist auf illegale Weise zustande gekommenen Verträge mit der amerikanischen Regierung fühlten sie sich gebunden, während die Amerikaner diese längst schon wieder brachen. Die Sioux wehrten sich und lieferten damit den Vorwand für grausame Strafexpeditionen des Militärs.

Um den Hals trugen sie einen kleinen Lederbeutel, in dem sich Gegenstände befanden, die für die Besitzer magische Kraft hatten. Dieser Beutel wurde aus besonders dicker Bisonhaut gefertigt, die mit Zeichen bemalt war, die für den Besitzer eine besondere Bedeutung hatten. Alle Stämme ehrten die Geheimnismänner oder Schamanen, die in der Übersetzung fälschlicherweise zu »Medizinmännern« wurden. Ihre Aufgabe war das Raten und Helfen bei körperlichen oder seelischen Problemen, sie ergründeten die Vergangenheit und sahen in die Zukunft.

Wenn die Knaben zu Männern wurden, mußten sie sich meist vier Tage ohne Nahrung in der Wildnis aufhalten, bis sie eine Vision hatten, die ihnen dann für ihr späteres Leben z. B. zu einem neuen Namen oder zum Erkennen ihres Schutzgeistes verhalf.

Der Tomahawk wurde im 18. und 19. Jh. zur wichtigsten Waffe der Prärieindianer, war aber auch Werkzeug oder Zeremonieobjekt. Er wurde aus Holz, Knochen oder Horn geschnitzt und hatte zunächst eine Schneide oder einen Hammerkopf aus einem runden oder spitzen Stein. Als die Ureinwohner durch die Weißen Metall kennenlernten und nun eiserne Schneiden für ihre Tomahawks wollten, holten sie weiße Schmiede zu sich, die von den Kolonialmächten oft als Spione eingesetzt wurden. Es gibt viele verschiedene Arten von Tomahawks, u. a. auch Pfeifentomahaks, bei denen an einem Ende gegenüber der Schneide ein Pfeifenkopf saß, der Griff durchbohrt war und am anderen Ende ein Mundstück hatte. Die Sioux hatten außerdem Lanzen, die sie als Angriffswaffen benutzten oder sie in den Boden stießen, um zu zeigen, daß sie von diesem Platz nicht weichen würden. Außerdem wurden mit ihr auch die sogenannten »Coups« ausgeführt, die ehrenvollen Berührungen des Gegners, die von anderen bestätigt werden mußten.

Die Stämme der Wahpeton und Sisseton werden aufgrund ihrer Kultur und Lebensweise oft den Lakota zugeordnet.

Die Sihasapa (Sioux) sollten nicht mit den Siksika (Algonkin) verwechselt werden.

DIE LAKOTA (NAKOTA)

- Sie nannten sich selbst »Nakota« im Yankton-Dialekt oder »Lakota« im Teton-Dialekt, was »Verbündete« bedeutet.

- Sprache: Sioux

- Nomaden, Bisonjagd, Sammeln von Früchten.

- Die Lakota wurden zum größten Reitervolk der nördlichen Prärie (heute Süd-Dakota).

- 1862 wurden die Santee – ein Stamm der Dakota – in Minnesota für ihr fruchtbares Land mit einem lächerlich geringen Betrag entschädigt. Fast am Verhungern, nutzten sie den amerikanischen Bürgerkrieg und griffen unter ihrem Häuptling Little Crow die Stadt Neu-Ulm an. Der Aufstand endete mit 800 Toten von Militär und Zivilbevölkerung und 80 toten Santee. 1864 überfielen 750 Soldaten ein Dsitsita-Dorf am Sand Creek. Sie ermordeten 300 der 600 Einwohner, von den 60 Kriegern starben 25. Diese Soldaten wurden in Denver wie Helden gefeiert und trugen als grausamen Trophäen an ihren Hüten abgeschnittene Brüste, Genitalien und großflächige Hautlappen. Das Massaker am Sand Creek war der Beginn der Präriekriege. Als in Montana und Idaho Gold gefunden wurde, begann trotz der Verträge ein neuer Ansturm auf ihr Land. Von 1865 bis 1868 dauerten die Kämpfe, in denen die Häuptlinge Red Cloud und Taschunka Witko (Crazy Horse) ihren Gegnern an strategischem Geschick oft überlegen waren. Der Vertrag von Fort Rice 1868 bestätigte die Ureinwohner in ihren Rechten.

- 1872 beschloß die amerikanische Regierung den Bau einer Eisenbahnlinie durch die Bighorn-Berge und die heiligen Black Hills und verletzte somit den Vertrag. Der Krieg begann erneut, bei der Schlacht von Rosebud 1876 wurde General Crook trotz Übermacht strategisch überrumpelt, und am Little Big Horn River wurde am 25.6.1876 General Custer vernichtend geschlagen. Da sie wußten, daß die U.S.-Armee sie nun mit letzter Grausamkeit jagen würde, floh ein Teil der Lakota nach Kanada, die anderen mußten 1881 in die Reservation ziehen. 1889 verkündete der Paiute Wowoka die Vision von einem indianischen Messias, der die weißen Landräuber zurücktreiben würde, und gründete den Kult des »Geistertanzes«, der sich in den Reservationen rasch verbreitete. Bei der Verhaftung von Geistertänzern wurde der berühmte Sioux-Häuptling Tatanka Yotanka (Sitting Bull) erschossen. Eine Gruppe Indianer flüchtete unter dem Häuptling Big Foot aus der Reservation; obwohl sie so gut wie unbewaffnet waren, wurden sie 1890 am Wounded-Knee-Fluß grauenvoll massakriert.

- 1780 wurden die Lakota auf 25 000 geschätzt. 1970 lebten in Kanada 2 500 Lakota und etwa 52 000 in den USA, in den Reservationen von Minnesota, Montana, Nebraska.

Nach einer Photographie von F.B. Fishe, 1902.

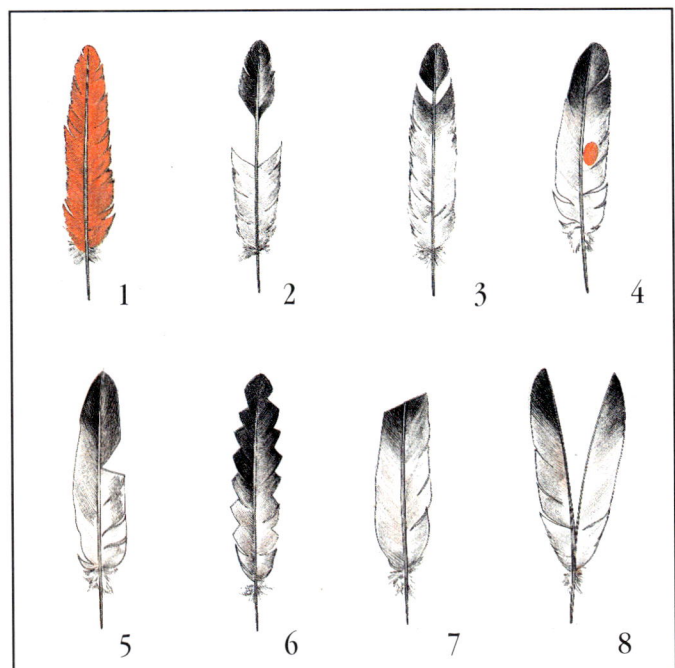

Federn waren ein wichtiger Bestandteil der Aufmachung eines Kriegers. Sie waren nicht nur Schmuck, sondern teilten etwas über den Träger mit:

1. *Wurde im Kampf verwundet.*
2. *Hat bei seinem Gegner 5 Coups gelandet.*
3. *Hat seinen Gegner verwundet oder getötet.*
4. *Hat einen Feind getötet.*
5. *Hat einen Feind getötet und seinen Skalp genommen.*
6. *Hat bei seinem Gegner 4 Coups gelandet.*
7. *Hat einem Feind die Kehle durchgeschnitten.*
8. *Wurde schon mehrere Male verletzt.*

Der Weißwedelhirsch (Odocoïleus viginianus) hebt bei Gefahr den Schwanz, zeigt ein Büschel weiße Haare und warnt damit seine Artgenossen. Er ist seltener als die Pronghorn-Antilope, doch er braucht sehr viel mehr Platz. Zu Beginn dieses Jhs. war er vom Aussterben bedroht, doch scheint er mittlerweile gerettet.

Ein Teton-Oglalla, nach einem Stich, Anfang des 19. Jhs.

D as Überleben der Inuna-Ina, der Dsitsita und der Laktoa hing von der Bisonjagd ab. Sie zogen deshalb mit den riesigen Herden mit. Ihre Tipis ließen sich rasch aufstellen und auch wieder abbauen, wenn das Dorf verlegt werden mußte, möglichst bei einem Bach oder Fluß. Der Zeltbau war Frauenarbeit; jeder hatte seinen Platz und seine bestimmte Aufgabe entsprechend seiner Stellung in der Sippe. In einer Sippe waren mehrere Familien mit gemeinsamen, meist mütterlichen Vorfahren zusammenschlossen. In den meisten Fällen wurde der Häuptling gewählt, doch auch wenn das Amt vererbt wurde, mußte er seine Fähigkeiten dafür unter Beweis stellen. Jeder Stamm umfaßte drei oder vier größere Banden, die jeweils aus mehreren Sippen bestanden, von denen jede ihren Häuptling hatte. Die Befehlsgewalt der Häuptlinge war nur so groß, wie ihre Überzeugungskraft reichte. Wenn z. B. jemand eine Unternehmung nicht mitmachen wollte, konnte er nicht dazu gezwungen werden. Häufig gab es einen Friedens- und einen Kriegshäuptling; außerdem noch weise Ratgeber, meist alte Männer, so wurde die Verantwortung für die Geschichte des Stammes aufgeteilt. Die Prärievölker waren Jagd- und Kriegsgesellschaften, bei denen die Krieger vor allem nach ihrem Mut beurteilt wurden.

Sie besaßen ein differenziertes soziales System:
1. Krieger-Bünde:
   Sie waren entweder

– in Altersgruppen unterteilt oder
– nicht altersgebunden
2. Religiöse Bünde
3. Frauen-Bünde:
– Kultische Gruppen
– Handwerksgilden
– Frauen-Kriegssbünde
4. Kult-Bünde:
– Ihnen gehörten (mehr) Männer und Frauen an.

Auch die Jungen und Mädchen waren schon in Bünden zusammengefaßt. Hier sollten männliche und weibliche Tugenden durch Rivalität untereinander gefördert werden. Das gesellschaftliche Ansehen dieser Bünde hing von dem Ruhm seiner herausragenden Mitglieder ab.

Einige Stämme waren bekannt für bestimmte Zeremonien, in denen es darum ging, sich gegenseitig an Mut zu überbieten. So ließen sich z. B. einige Krieger im Kampf an einen Pfahl binden, um entweder zu siegen oder zu sterben, wie z. B. die »Miwatani« der Teton oder die berühmten Hundekämpfer der Dsitsita. Die Mitglieder des »Bogensehne-Bundes« der Dsitsita verhielten sich immer konträr zur Kampfeslogik: sie hielten sich zurück, solange ihre Waffenbrüder siegreich kämpften, doch sie stürzten sich ins Kampfgetümmel, wenn die anderen flüchteten.

DIE ASSINIBOIN

• Von dem Anischinabe-Wort »Usin-upwawa« = »Kochen auf Steinen«. Die Lakota nannten sie »Hohe« = »Rebellen«, die Franzosen »Steinkämpfer«.

• Sprache: Sioux

• Sie kamen aus dem Gebiet östlich des Winnipeg- und des Nipigon-Sees. Am Ende des 17. Jhs. lebten sie entlang der Flüsse Saskatchewan und Assiniboine in Südkanada.

• Sie waren Nomaden, Bisonjäger und sammelten Früchte.

• Sie spalteten sich im 17. Jh. von den Yanktonnais ab und hielten zu den anderen Sioux-Stämmen immer Abstand, ja sie verbündeten sich sogar mit den Cree gegen die Lakota und kämpften gegen die Siksika. 1836 erlitten sie schwere Verluste durch die Pocken.

• 1829 gab es noch etwa 8 000, nach der Epidemie nur noch die Hälfte. 1985 lebten in den Reservationen in Montana und Alberta ca. 2 800.

Nach George Catlin, 1831.

Teton-Oglala, nach einem Gemälde von 1875.

Die Tipis wurden mit drei oder vier Hauptstangen errichtet, dazu kamen noch etwa 20 kleinere Stangen. Sie wurden mit dem Eingang nach Osten aufgestellt, um im Windschatten der Winterstürme zu bleiben. An der Spitze ließ eine Öffnung im Zelt den Rauch der Feuerstelle abziehen. Zu Beginn des Sommers wurde jedes Jahr das Ratszelt errichtet, das bis zu 12 m Durchmesser hatte.

Nach George Catlin, 1834.

DIE DHEGIHA-SIOUX

DIE NIUKONSKAH (OSAGE)

• Sie nannten sich »Menschen des mittleren Gewässers«. Die Franzosen nannten sie »Osage«, die Verballhornung des Namens eines ihrer Unterstämme.

• Sprache: Sioux

• Sie lebten im Süden der heutigen Staaten Missouri und im Norden von Arkansas.

• Sie waren der bedeutendste Stamm der Dhegiha. Ihre Sozialstruktur war wie die der anderen Präriestämme: patrilinear; innerhalb eines Clans galt Heiratsverbot; jeder Clan spezialisierte sich auf eine Aktivität und trug damit zum Wohlergehen des gesamten Stammes bei. Der Stamm halbierte sich in die Krieger und die Friedfertigen.

• Sie verbündeten sich mit den Franzosen, um die Mesquakie zu besiegen, und befanden sich in ständigen kriegerischen Auseinandersetzungen mit ihren Nachbarstämmen. Ab 1839 lebten sie in einer Reservation in Oklahoma und stellten dort eine Polizeitruppe auf, die »Osage Indian Police«. Als in ihrer Reservation später Erdöl gefunden wurde, gelang es ihnen, sich Rechte daran zu sichern.

• 1780 lebten etwa 6 200, 1985 waren es 6 743.

Die Dhegihas (=»auf dieser Seite«) waren eine Gruppe von Stämmen der Sioux-Sprachfamilie. Sie kamen um 1500 aus dem Tal des Ohio; zu ihnen gehörten die Omaha, Ponca, Niukonskah, Kansa und im Süden von Arkansas die Quapa. Sie waren Halbnomaden und betrieben Maisanbau und Bisonjagd.

Bei allen Völkern der Ureinwohner waren Tätowierungen im Gesicht und am Körper verbreitet. Die Bemalungen sollten die Träger beschützen. Die Präriekrieger wollten damit auch ihre Gegner abschrecken, die an speziellen Mustern der Tätowierung mutige und siegreiche Taten des Kriegers ablesen konnten. Die Indianer verwendeten für die bunte, symbolreiche Bemalung des Körpers eine breite Palette von Farben, die sie aus Pflanzen und Mineralien, Holz- und Knochenkohle, Sand und Blut herstellten. Die Bemalung spielte eine wichtige Rolle bei Zeremonien, Tänzen oder Kriegszügen. Jeder Stamm hatte seine traditionell überlieferten Farben und Symbole. Häufig war das Pferd des Kriegers ebenso geschmückt, um den Ruhm seines Besitzers zu unterstreichen. Bei den traditionellen Kampfformen galt der Skalp vom Kopf eines getöteten oder verwundeten Feindes als ein Beweis für besondere Tapferkeit, genauso wie der Diebstahl des Pferdes, das dem Besiegten gehört hatte. Die größte Heldentat war jedoch der »Coup«, bei dem man den Feind mit dem dafür bestimmten Stab berührt haben mußte. Nachdem die weißen Händler zu den Präriestämmen vorgedrungen waren, begannen die Ureinwohner für ihre Lanzen und Pfeile Metallspitzen zu kaufen. Bei der Jagd verwendeten sie einfache Spitzen, die wieder benutzt werden konnten. Doch ihre Kriegswaffen versahen sie mit Widerhaken, die abbrachen und in der Wunde steckenblieben. Sie kämpften auch oft mit Faustwaffen: Keulen, Knüppeln und Tomahawks.

IOWA

SIKSIKA

LARAPIHU

TETON

Kriegsbemalungen, nach George Catlin und Karl Bodmer.

DIE PONCA

- Die Bedeutung des Namens ist unbekannt.
- Sprache: Sioux
- Sie lebten am Zusammenfluß des Niobrara und Missouri im heutigen Staat Nebraska.
- Die Ponca waren ein eher friedliebender Stamm und wurden um 1800 durch den Alkohol der Weißen und eingeschleppte Seuchen auf weniger als 1 000 reduziert. Als die Regierung sie 1876 nach Oklahoma zwangsdeportierte, starben die meisten. Schließlich flohen die Häuptlinge Standing Bear und White Eagle mit einer kleinen Gruppe, und es gelang ihnen, die Regierung dazu zu bringen, ihnen ihre alte Reservation zurückzugeben.
- 1944 lebten in Nebraska noch 401 Ponca und 1985 in Oklahoma noch 2 272.

Nach einer Photographie von 1875.

Nach einer Photographie von 1870.

DIE OMAHA

- Bedeutet: »Sie gehen gegen den Wind«.
- Sprache: Sioux
- Sie lebten im Nordwesten des heutigen Staates Nebraska, am Westufer des Missouri, und wohnten in Erdhütten aus Grassoden und nur während der Bisonjagd in Tipis.
- Da sie im Dauerstreit mit den Lakota lebten, freundeten sie sich mit den Weißen an. 1854 verkauften sie ihr Land an die USA mit Ausnahme eines kleinen Gebiets, das ihre Reservation wurde. Davon mußten sie 1865 einen Teil an die Winnebago gegeben.
- 1780 lebten etwa 2 800, nach einer verheerenden Pockenepidemie 1802 blieben nur 300 übrig. 1970 waren es 1 300.

Nach George Catlin, 1832.

DIE KANSA

- Das ist der Name eines ihrer Stämme und bedeutet »Menschen des Südwinds«.
- Sprache: Sioux
- Sie lebten im Osten des heutigen Staates Kansas.
- Nachdem sie 1846 in eine Reservation in Topeka zwangsdeportiert wurden, nahm ihnen die Regierung Stück für Stück auch dieses Land wieder weg. Schließlich mußten sie nach Oklahoma in eine neue Reservation in der Nähe der Niukonskah.
- 1780 wurden sie auf 3 000 geschätzt, 1985 wurden in Oklahoma noch 543 gezählt.

Nach Photographien von 1868.

DIE CHIWERE-SIOUX

DIE CHIWERE

- Sie nannten sich »Sie gehören dieser Erde«.
- Sprache: Sioux
- Sie lebten in Nebraska am Unterlauf des Platte-Flusses.
- Halbnomaden, Feldwirtschaft und Jagd.
- Auf der Wanderung von Osten nach Westen spalteten sie sich zuerst von den Iowa ab, dann von den Missouri. Sie mußten ihr Land 1854 aufgeben. Als 1881 ihre Reservation am Big Blue River an Siedler verkauft wurde, mußten sie nach Oklahoma auf die Reservationen der Ponca, Larapihu und Missouri ziehen.
- Um 1780 gab es etwa 900, 1985 wurden 1 280 gezählt.

Zu dieser Stammesgruppe gehören die Chiwere, die Iowa und die Nintachi. Im 15. Jh. bildeten sie zusammen mit den Dhegiha und den Hotchangara nördlich der Großen Seen ein bedeutendes Stammesbündnis. Auf der Wanderung nach Süden blieben die Winnebago an den Ufern des Michigansees zurück. Die Chiwere-Sioux behielten einiges von der Lebensweise aus dem Waldland bei und führten das Leben von Halbnomaden mit Feldwirtschaft und Jagd.

Über 500 Jahre lang wurden die Prärien nach allen Richtungen von Nomadenstämmen durchwandert. Wie die Ureinwohner in den angrenzenden Gebieten (Nimipu, Schoschonen, Inde) sprachen sie jeweils Dialekte der sieben großen Sprachfamilien (Algonkin, Sioux, Kaddo, Schoschon, Kiowa, Penuti, Athapask). Um dennoch eine Verständigung zu ermöglichen, wurde eine Zeichensprache praktiziert, die alle verstanden und in der man Informationen austauschen oder handeln konnte. Sie bestand aus Gesten, die man fast ausschließlich mit Finger,

Hand- oder Armstellungen machte. Mit etwa 400 verschiedenen Gesten konnte man das ausdrücken, wozu man sonst 1 000 bis 1 200 Wörter gebraucht hätte. Die Trapper, die Siedler und die weißen Soldaten lernten ebenfalls diese Zeichensprache und legten sogar »Wörterbücher« an, die immer wieder vervollständigt wurden.

Untereinander benutzten die Stämme noch viele andere Signale, die von allen verstanden wurden, wie z. B. Rauchzeichen (in bestimmten Abständen wurde eine Decke über ein stark rauchendes Feuer aus Reisig oder Gras gehalten), Spiegelreflexe, brennende Pfeile, Hin- und Herschwenken von Decken und Bewegungen der Pferde.

Es gab auch Zeichen, die die Kundschafter auf ihrem Weg hinterließen: nach einem bestimmten Code angeordnete Steine, Markierungsschnitte in Baumrinde, geknickte Grashalme und abgebrochene Zweige.

Zeichensprache

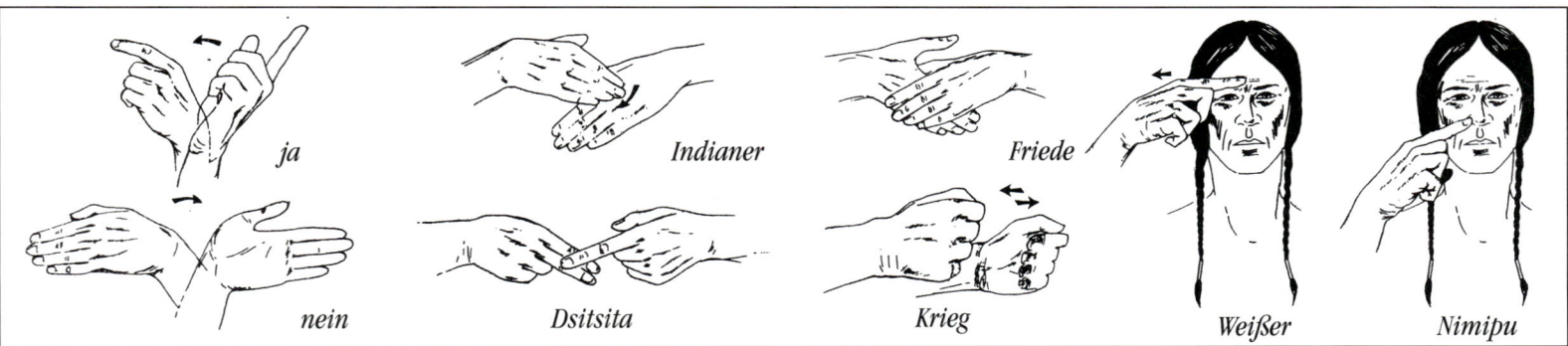

ja   Indianer   Friede

nein   Dsitsita   Krieg   Weißer   Nimipu

Nach George Catlin, 1832.

DIE NINTACHI (MISSOURI)

• Die Bedeutung ihres Namens ist unbekannt. Im Illinoi-Algonkin hießen sie »Missouri« = »Kanubesitzer«. Eine andere Interpretation, »Großer schlammiger Fluß«, soll den Missouri beschreiben.

• Sprache: Sioux

• Sie lebten im heutigen Staat Missouri am Zusammenfluß des Grand und des Missouri.

• Halbnomaden, Anbau von Mais, Bohnen und Kürbis, Bisonjagd.

• 1798 wurden sie von den Sauk und Mesquakie besiegt, zu Beginn des 19. Jhs. von den Niukonskah. Danach mischten sie sich unter die Stämme der Iowa und Chiwere.

• 1780 wurden sie auf etwa 1 000 geschätzt.

Nach George Catlin, 1844

DIE IOWA

• Von dem Lakota-Wort »Ajuwa« = »Schläfer«. Es könnte auch von »Aijuwe« = »Kürbis« abstammen.

• Sprache: Sioux

• Feldwirtschaft, Tauschhandel.

• Sie handelten mit Bisonfellen und Kalumets (rituellen Pfeifen), die sie kunstvoll schnitzten.

• Zunächst mußten sie 1836 in eine Reservation in Kansas, dann wurden sie 1863 nach Oklahoma zwangsdeportiert.

• 1760 wurden sie auf 1 100 geschätzt. 1985 lebten in Oklahoma, Kansas und Nebraska noch 500.

Zeichensprache

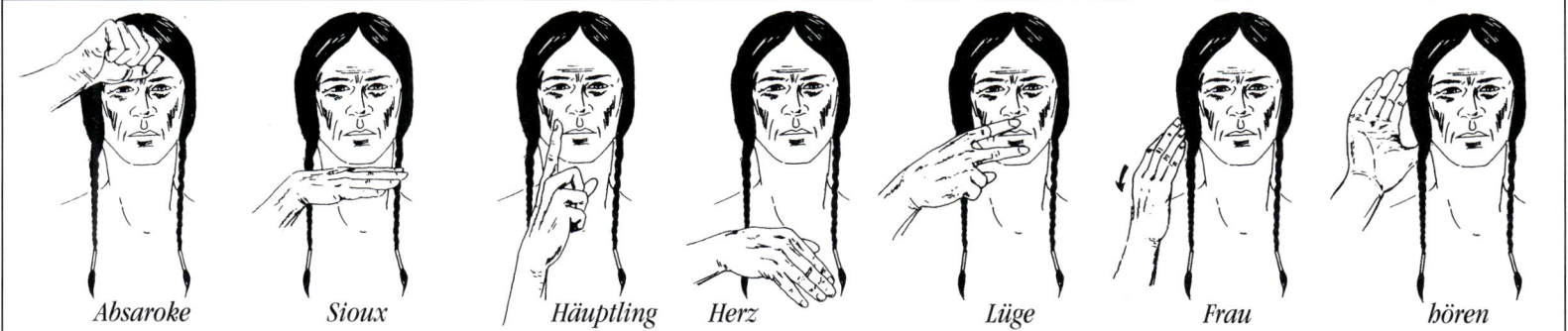

| Absaroke | Sioux | Häuptling | Herz | Lüge | Frau | hören |

ENTLANG DES MISSOURI

Nach Karl Bodmer, 1833.

Die amerikanischen Ureinwohner glaubten an eine Welt voller guter und böser Geister, die sie ehrten und fürchteten. Diese Mächte drückten ihre Stimmung z. B. in Donner und Blitz aus. Kälte und Trockenheit waren der Preis, den man für die Geschenke der Natur bezahlte: für ihre Erneuerung im Frühling, das Wasser in den Bächen, die Früchte der Pflanzen.

Die Ureinwohner lebten in Harmonie mit der Natur und handelten stets im Bemühen, sie nicht zu verletzen. Die Kräfte in der Natur sollten ungehindert wirken, damit die Ordnung der Dinge nicht gestört wurde: damit die Sonne jeden Morgen wieder aufging, der Frühling dem Winter folgte, die Jagd reichliche Beute und die Felder eine gute Ernte brachten. Die Ureinwohner maßen Träumen eine große Bedeutung bei und suchten diesen Zustand auch in Visionen und Halluzinationen.

Die Numakaki praktizierten eindrucksvolle Zeremonien wie »Okipa«, bei der an den »Ersten Menschen« erinnert wurde, der den Vorfahren der Numakaki bei einer Überschwemmung den Rat gegeben hatte, eine Arche zu bauen. In Schauspielen und Tänzen wurde die Schöpfungsgeschichte des Stammes dargestellt.

Ähnlich wie beim Sonnentanz der Lakota wurden bei den Bisontänzern zwei Pflöckchen unter den Brust- oder Rückenmuskeln durchgestoßen. Daran waren Lederriemen befestigt, an denen die Männer am Gebälk des Festhauses aufgehängt wurden.

Mit anderen Zeremonien wurde die eingebrachte Maisernte gefeiert.

Die Präriestämme – wie viele andere auch – kannten die Heilkraft von Schwitzkuren. Dazu wurde eine Schwitzhütte errichtet. Auf erhitzte Steine wurde kaltes Wasser gegossen, bis dichter Dampf aufstieg. Der Schwitzende blieb einige Zeit in der Hütte und führte bestimmte Reinigungszeremonien durch. Anschließend sprang er ins kalte Wasser oder wälzte sich im Schnee. Der Sinn war, sich innerlich und äußerlich geistig und körperlich zu reinigen, außerdem erhöhte es die Widerstandskraft gegen Krankheiten.

Wenn der junge Ureinwohner zum Mann wurde, mußte er für drei bis vier Tage den Stamm verlassen und durfte weder essen noch trinken. Das Tier, das ihm als erstes im Traum erschien, wurde zu seinem Schutzgeist. Er leitete aus dieser Vision wichtige Botschaften für sein Leben ab und fertigte dann seinen Talisman aus einem Lederbeutel, den er auf der Brust trug. Die Weißen nannten diesen Talisman »Medizin«, eine Verballhornung des Algonkin-Worts »Midewiwin«.

Der Schamane oder Geheimnismann wurde und wird von den Weißen fälschlicherweise »Medizinmann« genannt, obwohl er weit mehr war als ein Heiler. Er besaß besondere Fähigkeiten, durch die er mit den unsichtbaren Mächten in Verbindung treten konnte. Schamanen waren weise, erfahrene Männer, Seher, die sich darum bemühten, die Verbindungen zwischen der Gegenwart, der Vergangenheit und der Zukunft zu entschlüsseln. Sie waren außerdem gute Menschenkenner und versuchten, das Unterbewußtsein der Kranken für den Heilungsprozeß zu aktivieren. Nach heutigen Begriffen waren sie eine Mischung aus Psychologe, Arzt und Zeremonienmeister.

DIE NUMAKAKI (MANDAN)

• Sie nannten sich »Menschen«. Die Lakota nannten sie »Mawatani«, das von den Weißen zu »Mandan« verballhornt wurde.

• Sprache: Sioux

• Sie lebten im heutigen Staat Nord-Dakota an den Ufern des Missouri zwischen den Nebenflüssen Little Missouri und Heart.

• Sie waren erfolgreiche Bauern (Mais) und Bisonjäger und wohnten in kuppelförmigen Erdhäusern in befestigten Dörfern. Sie fertigten schöne Töpferarbeiten. Durch ihre günstige Lage wurden ihre Dörfer zum Handelstreffpunkt der Nord- und Südstämme und später auch der weißen Pelzhändler. Die Numakaki waren wie die Tanisch und Minitari in Halbstämmen organisiert: das Dorf war in eine Ost- und eine Westhälfte geteilt. Heiraten durfte man nur jemanden aus der anderen Hälfte.

• Sie wanderten im 14. Jh. von den Großen Seen nach Süden und waren somit die ersten Sioux in den Prärien. Die Kundschafter Lewis und Clark und die Maler George Catlin und Karl Bodmer besuchten sie 1832 und 1833. 1837 wurde der Stamm durch eine Pockenepidemie fast ausgelöscht, es überlebten nur 23 Männer, 40 Frauen und 65 Kinder.

• Um 1780 gab es etwa 3 600, vor der Epidemie noch 1 600, und 1970 wurden 705 in der Reservation Fort Berthold am See Sakakawea in Nord-Dakota gezählt, zusammen mit den Minitari und Tanisch.

Nach Karl Bodmer, 1833.

DIE MINITARI (HIDATSA)

• Sie nannten sich »Sie überqueren das Wasser«, in Erinnerung an ihre Ankunft an den Ufern des Missouri. Von anderen wurden sie »Hidatsa« = »Weiden« genannt, das ist der Name eines ihrer Dörfer. Die französischen Trapper nannten sie die »Großbäuche vom Fluß« (von daher stammt eine mögliche Verwechslung mit den Atsina).

• Sprache: Sioux

• Sie lebten am oberen Missouri in kuppelartigen Erdhäusern, fertigten Keramiken und kultivierten viele Sorten Mais. Sie stammten von den Absaroke ab und waren mit ihnen eng verbündet. Nach der Ankunft der Weißen wurden sie zu Bisonjägern und kämpften auf der Seite der Lakota in den Sioux-Kriegen. Ihre Bünde »Hundekrieger« bei den Männern und »Weiße Büffel« bei den Frauen waren sehr einflußreich.

• Sie wurden ebenfalls durch die Pocken schrecklich dezimiert.

• Um 1780 gab es 25 000, 1937 in Fort Berthold in Nord-Dakota noch 731.

Gemeinschaftshaus bei den Numakaki und Minitari

Nach einem Gemälde von 1840.

Nach einem Stich, Anfang des 19. Jhs.

DIE ABSAROKE (CROW = KRÄHENINDIANER)

• Sie nannten sich »Vogelmenschen«. Die Franzosen gaben ihnen den Namen »Rabenmenschen«, von daher kommt ihr englischer Name »Crow«.

• Sprache: Sioux

• Sie lebten im heutigen Staat Montana entlang des Yellowstone-Flusses und seiner Nebenflüsse Bighorn, Rosebud, Powder und weiter südlich am Wind-Fluß in Wyoming.

• 1776 trennten sie sich von den Minitari und wurden im 19. Jh. zu Bisonjägern und zu einem der mächtigsten Sioux-Stämme. Sie waren mit vielen Prärie-Stämmen verfeindet und deshalb bereit, den Weißen als Scouts, Kundschafter, zu dienen. Dafür wurden sie von ihnen mit Feuerwaffen ausgerüstet und beteiligten sich an den Überfällen der Soldaten auf die Lakota und Dsitsita.

• Sie besaßen um die 10 000 Pferde.

• Um 1780 gab es ca. 4000. 1985 wurden in der Reservation entlang des Bighorn in Montana um die 6000 gezählt.

DIE MAISESSER

DIE TANISCH (ARIKARA)

- Sie nannten sich »Menschen«. Die Larapihu nannten sie »Arikari« = »Elchgehörn« mit Bezug auf ihre Haartracht. In der Zeichensprache hießen sie »Maisesser«.

- Sprache: Kaddo

- Sie lebten an den Ufern des Missouri zwischen dem Cheyenne-Fluß und Fort Berthold im heutigen Nord-Dakota als Nachbarn der Numakaki und Minitari.

- Trotz der unterschiedlichen Sprache waren die Tanisch durch ihre Lebensweise den Minitari und Numakaki ähnlich: Erdhütten, befestigte Dörfer und Maisanbau. Als bei einem Überfall die Tanisch-Krieger einmal den Stamm nicht mehr verteidigen konnten, kämpften die Frauen für sie weiter. Da sie von ihren Nachbarstämmen lange Zeit mit französischen Feuerwaffen abgeschlachtet worden waren, boten sie sich den Weißen als Kundschafter gegen die Lakota an und trugen damit zu deren Vernichtung bei.

- 1880 wurden die Tanisch, die Minitari und Numakaki in die Reservation von Fort Berthold in Nord-Dakota zwangsumgesiedelt. Um 1780 gab es etwa 3 000, 1970 wurden noch 460 gezählt.

Kaddo-Hütte

Nach George Catlin, 1832.

Nach einem Stich, Anfang des 19. Jhs.

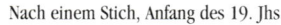

DIE KADDO

- Der Name eines Einzelstammes aus einem Bündnis vieler Unterstämme. Die Mitglieder der Unterstämme nannten sich gegenseitig »Tayshas« = »Verbündete, Freunde«, was die spanischen Eroberer später zu »Taychas« umwandelten, aus dem dann der Name des Staates »Texas« wurde.

- Sprache: Kaddo

- Sie lebten in den heutigen Staaten Louisiana und Mississippi.

- Feldwirtschaft und Bisonjagd.

- Sie lebten in stabilen, kreisförmigen Grashütten mit Kegeldächern.

- Um 1835 wurden sie von der US-Regierung von ihrem Land vertrieben und ließen sich im Nordosten von Texas nieder, wo sie später von illegalen Truppen und landgierigen Siedlern praktisch ausgelöscht wurden. 1872 wurden die Überlebenden in eine Reservation in Oklahoma zwangsumgesiedelt.

- Um 1700 lebten noch 8 000 Kaddo, 1910 wurden in Oklahoma 550 gezählt.

Der indianische Tabak hieß Kinnikinnik, das Algonkin-Wort für »Gemischtes«. Er wurde nämlich zu etwa 60% aus einer wilden Tabakart und zu den restlichen Teilen aus Sumach-Blättern, der inneren Bastrinde der Blutrute und der Rinde roter Weide gemischt. Das Kalumet, die Friedenspfeife, war mit bunten Federn geschmückt (rot für Krieg und weiß für Frieden). Mit dem gemeinsamen Rauchen nach einem festen Ritual wurden Verträge besiegelt. Die Pfeife war auch wichtig für bestimmte Kulthandlungen.

Die Prärieindianer kannten viele Zeremonien mit Gesängen und Opfergaben, um mit Naturgeistern Kontakt aufzunehmen. Eine ganz besondere Bedeutung hatten für sie Tänze, bei denen sie gewissermaßen menschliche Grenzen überwinden konnten, wie z. B. beim Sonnentanz, wo sie sich freiwillig schwersten körperlichen Prüfungen unterzogen. Die Indianer kannten keine Furcht vor dem Jenseits. Dort, so meinten sie, treffen die Toten wieder aufeinander, genau so, wie sie gelebt haben. Ein Krieger, der im Kampf sein Leben verlor, würde demnach die ewigen Jagdgründe ganz anders erleben als ein Mensch, der an Altersschwäche gestorben war.

Der Tod eines Kriegers verlangte nach eindrücklichen Beweisen der Trauer. Seine Witwe schlug sich auf die Brust, schnitt sich die Haare ab und fügte sich schwere Verletzungen zu. Einige Stämme setzten den Leichnam in einer Höhle bei oder in einem hohlen Baum. Die meisten Präriestämme befestigten ihn jedoch auf einer erhöhten Plattform, wo der Körper langsam verweste. Die Lieblingspferde des Toten wurden getötet, damit sie ihn ins Jenseits begleiten sollten, sein Besitz, seine Waffen und Werkzeuge wurden verbrannt.

Nach George Catlin, 1834.

DIE KIRIKITISCH (WICHITA)

• Sie nannten sich »Wahre Menschen«. Andere Stämme nannten sie »Wichita«, abgeleitet von dem Wort »Wits« = »Menschen« oder von dem Choctaw-Wort »Wiachitoh« = »Großer Baum« (mit Bezug auf ihre Behausung).

• Sprache: Kaddo

• Sie lebten in den Wichita-Bergen im heutigen Staat Oklahoma.

• Feldwirtschaft (Mais, Kürbis, Tabak) und Tauschhandel mit anderen Stämmen. Später Bisonjagd. Sie lebten in hohen Grashütten.

• Sie kamen auf der ständigen Flucht vor Texanern und Nachbarstämmen aus dem Süden und schlossen 1835 den ersten Vertrag mit der Bundesregierung. 1859 wurden sie in die Reservation nach Oklahoma zwangsumgesiedelt.

• Um 1780 lebten etwa 3 200, 1970 waren es noch knapp 500.

Kirikitisch-Hütte.

Sioux-Kalumet aus Catlinit
(Pfeifenstein) und Holz

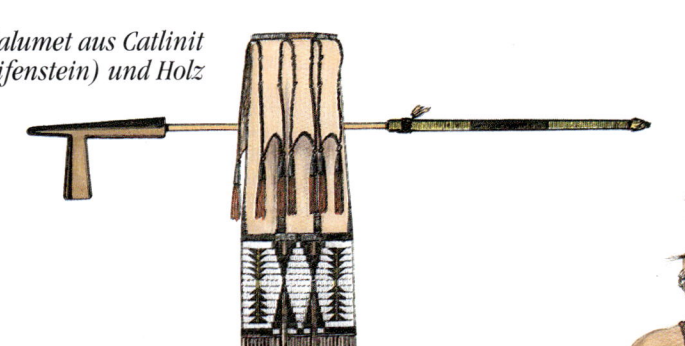

Dsitsita-Pfeifenbehälter,
Mitte des 19. Jhs.

Nach George Catlin, 1832.

Nach George Catlin, 1832.

DIE LARAPIHU (PAWNEE)

• Sie nannten sich »Menschen von Menschen«. Andere nannten sie »Pani« von »Pariki« = »Horn« für die Skalplocke des sonst kahlgeschorenen Schädels.

• Sprache: Kaddo

• Sie lebten am Mittellauf des Platte im heutigen Nebraska.

• Halbnomaden. Maisanbau und Bisonjagd. Sie waren in vier Stämme unterteilt, lebten in festen Kuppeldachhäusern in befestigten Dörfern.

• Sie nannten die höchste Macht »Tirana« und hielten Wind, Regen, Donner und Blitz für deren Botschaften. Um 1800 ließen sie ab von ihren Riten mit Menschenopfern. Sie waren Korbflechter, Töpfer und Weber.

• Sie zogen schon vor der Ankunft der Sioux durch die Prärien. Zu Beginn des 18. Jhs. verbündeten sie sich mit den Franzosen, um der spanischen Bevormundung beim Handel zu entkommen. Das berühmt-berüchtigte Pawnee-Bataillon kämpfte als reguläre Einheit der U.S.-Armee gegen die anderen Prärieindianer. Als seine Dienste nicht mehr gebraucht wurden, löste man das Bataillon auf, und der große Stamm wurde gezwungen, nach Oklahoma in die Reservation zu gehen. Dort starben mehr als 70% an Hunger und Seuchen.

• Um 1800 gab es ungefähr 10 000, 1970 noch 1 149.

DER WEITE WEG

Nach George Catlin, 1834.

Ende des 19. Jhs.

DIE NE-ME-NE (KOMANTSCHEN)

- Sie nannten sich »das Volk«. Die Bezeichnung »Komantschen« stammt wohl vom spanischen Wort »Camino Ancho« = »Großer Weg« oder von dem Ute-Wort »Koh-Mats« = »Feind«. Die Spanier machten daraus »Comància«, dann Comantz und schließlich Comanche.
- Sprache: Schoschon
- Nomaden, Bisonjagd, gelegentlich Feldwirtschaft.
- Sie lebten im Nordwesten des heutigen Staates Texas, im Winter in Berg-Tipis, die blitzschnell auf- und abgebaut werden konnten.
- Sie kamen ursprünglich aus dem Osten des heutigen Staates Wyoming. Mit der Verbreitung des Pferdes entwickelten sie sich zu dem gefürchtetsten Reitervolk und bekamen von den Spaniern und Amerikanern den Beinamen »beste leichte Kavallerie der Welt«. Tapferkeit galt als höchste Tugend, doch das Leben wurde nicht leichtfertig riskiert. Ihre Kampfestaktiken zu Pferd waren so hochentwickelt, daß sie erst durch Repetierfeuerwaffen und Kanonen besiegt werden konnten.
- Durch aufgezwungene Verträge 1865 und 1867 mußten sie in eine Reservation in Oklahoma ziehen.
- Um 1700 wurden sie auf etwa 7 000 geschätzt, 1985 waren es noch 3 600.

Nach George Catlin, 1834.

DIE NADI-ISCHA-DENA (KIOWA)

• Ihr Name bedeutet »gebietendes Volk«.

• Sprache: Kiowa

• Um 1750 bewohnten sie das Gebiet, wo heute Oklahoma, Kansas, Colorado, Neu-Mexiko und Texas aneinandergrenzen.

• Nomaden, Bisonjäger, Pferdefang und -handel. Nur vom Stamm der Nadi-ischa-Dena gibt es eine in Bilderschrift (Piktogrammen) geschriebene Geschichte von 1832 bis 1892.

• Nachdem seit 1860 die große mörderische Bisonjagd durch weiße Jäger die Prärieindianer ihrer Lebensgrundlage beraubt hatte, wurden sie zu erbitterten Feinden der Siedler. 1859 wurden sie von einer Strafexpedition der Armee in eine Reservation im Norden Oklahomas eingewiesen, aus der sie jedoch mehrere Male wieder ausbrachen. Schließlich verbündeten sie sich mit ihren Erzfeinden, den Ne-me-ne, und überfielen gemeinsam Trecks und Siedlungen. 1875 kapitulierten sie endgültig. 1879 wurden sie mit Ne-me-ne, Wichita, Kaddo und anderen Stämmen in der Anadarko-Reservation zusammengelegt und organisierten eine Kiowa-Indianerpolizei.

• Um 1700 wurden sie auf 7 000 geschätzt, 1985 gab es noch 3 600.

Nach George Catlin, 1834.

B is etwa 1830 war man sich darüber einig, daß das riesige Gebiet im Innern des Kontinents, diese »große amerikanische Wüste« sich nicht zur Besiedlung eignen würde. So blieben die Indianer der Great Plains zunächst noch von den Siedlertrecks verschont. In der Zeit zwischen 1750 und 1850 erreichte ihre Kultur ihre höchste Entwicklung. Doch bereits ab 1780 und fast ohne Unterbrechung bis zum Ende des 19. Jhs. wurden die Stämme von vernichtenden Seuchen heimgesucht: Teton (1780), Omaha (1802), Ne-me-ne (1815), Niukonskah (1828), Larapihu (1831), Numakaki (1837), Absaroke (1831), Iowa (1848), Tanisch (1856), Nadi-ischa-Dena, Dsitsita, Inuna-Ina (1861), Assiniboin, Atsina, Siksika (1871). Einige Stämme verschwanden dadurch völlig (Numakaki), andere wurden auf ein Viertel oder die Hälfte ihrer Stärke reduziert.

Der gewaltsame Exodus der Oststämme nach Oklahoma beeinträchtigte die Jagdgebiete der Niu-konskah, Nadi-ischa-Dena und Wichita; seit 1843 rollten die Siedlertrecks gen Westen auf dem Oregon-Trail oder nach Kalifornien, seitdem dort 1848 Gold entdeckt worden war. Der Zug der Mormonen nach Utah 1846, die Einrichtung von Postlinien wie dem Pony-Express 1860, die Postkutschen von Wells-Fargo 1862 und der Bau der Eisenbahnlinie von 1862 bis 1869 behinderten die Bisons in ihren Wanderungen, bis sie dann schließlich durch Massenabschlachtungen von weißen Berufs- oder Hobbyjägern an den Rand der Ausrottung gebracht wurden. Außerdem wurden entgegen der geschlossenen Verträge ständig Forts auf Indianerland errichtet und dort Soldaten stationiert.

Die Zerstörung der Plains-Kultur und die Vernichtung der Stämme, bzw. ihrer Lebensform, ist eine lange und traurige Geschichte, die ihr tragisches letztes Kapitel 1890 bei Wounded Knee fand, als Soldaten eine

Sitting Bull (Tatanka Yotanka = Sitzender Büffelstier) wurde 1834 geboren und war ein Häuptling, Seher und Schamane der Hunkpapa-Sioux. Er war einer der Sieger über Custer am Little Bighorn 1876. Am 15.12.1890 wurde er ermordet.

Crazy Horse (Taschunka Witko = Geheimnispferd), geb. etwa 1840, war ein berühmter Häuptling der Oglala-Sioux. Zusammen mit Red Cloud (Rote Wolke) kämpfte er gegen die Weißen und siegte 1876 am Rosebud und 1876 am Little Bighorn. Kurz nach seiner Auslieferung an die Weißen wurde er am 5.9.1877 ermordet.

kleine, nahezu unbewaffnete Gruppe unter Häuptling Big Foot angriffen und ermordeten. Noch einige andere Namen legen Zeugnis ab von der unvorstellbaren Grausamkeit, mit der die Europäer den Völkermord an den amerikanischen Ureinwohnern betrieben: das Sand-Creek-Massaker, der Überfall von Custer auf das Indianerdorf am Waschita, der Angriff auf das Winterlager von Taschunka Witko am Rosebud, um nur einige zu nennen.

DER SÜDWESTEN

DIE SCHLANGENMENSCHEN

Das Indianer-Territorium des Südwestens erstreckte sich vom Süden entlang der mexikanischen Provinzen Sonora, Chihuahua, Coahuila und Nuevo Leon über den südlichen Teil von Texas bis zum Golf von Mexiko. (Hier werden wir nur den letzteren Teil berücksichtigen.)

Der Südwesten ist ein Land der Gegensätze. Unter einem ständig blauen Himmel bietet sich das grandiose Bild einer Landschaft von Bergen und Canyons (Schluchten), Felsformationen, die wie abgeplattete Säulen aus der Wüste aufragen, Tafelbergen, den Mesas, die wie riesige Schiffe über den Sand zu segeln scheinen. Ein Land in warmen Farben in allen Nuancen von Braun, Ocker, Rot und Gelb. Die Gipfel der Berge sind bedeckt von Pinienwäldern und Wacholderbüschen, der Sand und die Felsen der Wüste übersät mit Kakteen und Dornensträuchern. Manch-

mal bricht ein gewaltiger Sturm los, verdunkelt den Himmel und verwandelt die ausgetrockneten Wasserläufe, die Arroyos, in schlammige Ströme. Kurz darauf verwandelt sich die Wüste und schmückt sich mit Millionen von Blüten, die nur auf Regen warteten.

Die Nächte sind kalt, tagsüber jedoch herrscht Gluthitze. Die Vögel – Haubenwachteln, Spottdrosseln, Elstern – fliegen in den frühen Morgenstunden zur Nahrungssuche und ruhen sich dann den Rest des Tages im Schatten aus. Die Nabelschweine und Erdhörnchen, die »Tamias«, müssen während der größten Hitze jagen, denn nur dann kommen die Eidechsen, wie der Chuckawalla, hervor und sonnen sich auf den heißen Felsen. Nachts kommen zahllose kleine Nagetiere aus ihren Höhlen, um Körner zu sammeln, und werden manchmal zum Opfer ihrer Jäger – Schlangen, Raubvögel, fleischfressende Säugetiere: Bassaris, Dachs, Fuchs, Kojote. Nur der Luchs und der Puma müssen keine Feinde fürchten.

Ausgrabungen von 1926 in der Nähe der Stadt Cochise in Arizona, etwa 100 km östlich von Tucson, lieferten den Beweis, daß hier schon vor

mehr als 9 000 Jahren v. u. Z. ein Volk von Jägern lebte. Heute nennt man es das »Volk von Cochise«. Damals war diese Gegend kalt und feucht, erst als nach der letzten Eiszeit die Gletscher schmolzen, veränderte sich das Klima rasch, und es wurde heiß und trocken. Das Großwild wie die Bisons wanderte nach Norden, und die früheren Jäger mußten sich den veränderten Lebensbedingungen anpassen: sie wurden Ackerbauern. Im Laufe von Jahrtausenden entwickelten sie immer bessere Techniken und wurden zu den ersten richtigen Bauern des Erdteils. Sie betrieben Gartenfeldbau und ernteten Mais, Bohnen und Kürbis. Darüber hinaus übten sie sich im Töpfern, Spinnen und Weben. Einige ihrer Dörfer waren so weiträumig und durchdacht angelegt, daß sie kleinen, gut organisierten Städten glichen.

Die Königsnatter »Sonoran Mountain« (Lampropeltis pyromelana) kann bis zu einem Meter lang werden. Sie lebt von kleinen Nagetieren, ist für den Menschen aber ungefährlich.

Nach E. Irving Couse, Ende des 19. Jhs.

DIE HOPI

• Zusammenziehung des Wortes »Hopitu« = »die Friedlichen«.

• Sprache: Schoschon

• Sie lebten im Nordwesten des heutigen Staates Arizona.

• Sie kamen von Norden und übernahmen ungefähr im 12. Jh. die Pueblo-Kultur. Sie lebten vom Trockenfeldbau und von der Kleintierjagd und gründeten Städte wie Oraibi und Mesa Verde. Sie schufen eine hochstehende Kultur, reichhaltig an mythologischen Zeremonien und Tänzen.

• Gemeinsam mit den anderen Pueblo-Stämmen kämpften die Hopi gegen die spanischen Eindringlinge. Sie widerstanden den spanischen Bekehrungsversuchen und blieben der Religion ihrer Ahnen treu. Die Führung des Clans unterstand der Matriarchin. Hopifrauen bauten auch ihre Häuser, die Männer holten und errichteten nur die Dachbalken.

• Um 1680 schätzte man ihre Zahl auf etwa 2 800. Heute leben noch etwas mehr als 9 000 in der Hopi-Reservation.

Katchina-Tänzer

DIE HOHOKAM

Im Tal der Gila im Südwesten des heutigen Staates Arizona lebten die Hohokam. Sie unterschieden sich von den anderen Pueblokulturen durch ein sehr gut ausgebautes Bewässerungssystem, mit dem sie die Wüste in fruchtbare Äcker verwandelten. So erzielten sie zwei Ernten jährlich: eine im Frühjahr, wenn die Flüsse von der Schneeschmelze angeschwollen waren, und eine gegen Ende des Sommers. Ihre Töpferei beeindruckte durch kunstvolle Formgebung, und sie schufen Plastiken aus Steinen und Muscheln. Eine Trockenheit im 15. Jh. zwang sie zum Verlassen ihrer Dörfer, sie assimilierten sich mit den Pima und Papago.

DIE MOGOLLONEN

Sie lebten in den Bergen im Süden des heutigen Staates Neu-Mexiko und betrieben als Jäger und Sammler nur nebenbei etwas Feldwirtschaft. Sie beschränkten sich dabei hauptsächlich auf die Pflege von Wildpflanzen, wobei sie die Nähe der Bergflüsse nutzten. Sie wohnten in Erdgrubenhäusern, stellten schlichte Töpfereien her und fertigten Schmuck aus Türkisen, die dort gefunden werden, Kupfer aus Mexiko und Muscheln von der Pazifikküste. Im 13. und 14. Jh. zogen sie allmählich nach Norden und übernahmen die Kultur ihrer Nachbarn, der Anasazi (»Menschen der Felswand«). Die Zuni sind die Nachfahren der Mogollonen.

DIE ANASAZI (DIE URALTEN)

Um 1000 v. u. Z. siedelten sie in einem riesigen Gebiet, das die »vier Ecken« genannt wird, denn dort treffen die heutigen Staaten Utah, Colorado, Arizona und Neu-Mexiko zusammen. Zuerst waren sie Jäger, dann halbnomadische Pflanzensammler ohne feste Siedlungen, bis sie schließlich seßhaft wurden und sich auf den Mesas (Hochebenen) Häuser aus Holz bauten. Später entwickelten sie die Technik des Lehmziegelbaus: sie formten Quader aus Lehm, die dann an der Sonne getrocknet wurden. Im 13. Jh. befanden sie sich auf dem Höhepunkt ihrer Kultur und bauten ihre Felswohnungen in die Steilwände der Berge (Mesa Verde, Chelly Canyon). Die Anasazi suchten sich diese schwer erreichbaren Felsenhöhlen, um sich vor Angriffen zu schützen. Die Frauen kümmerten sich um die Wohnungen und fertigten Keramik und Korbwaren. Die Männer gingen auf die Jagd, bestellten die Felder und versammelten sich in der »Kiwa«, dem Gemeinschaftshaus, um sich zu beraten. Das Leben wurde durch die Folge der Jahreszeiten bestimmt und durch bestimmte Zeremonien, in denen die Katchinas eine große Rolle spielten. Das waren heilige mächtige Wesen, deren Wohlwollen es zu erringen galt. Sie wurden durch die Kostüme der Tänzer oder durch Puppen symbolisiert.

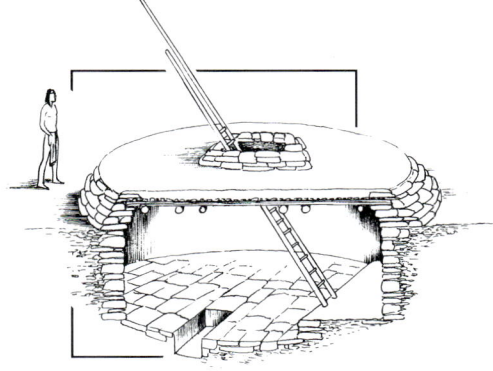

In jedem Dorf gab es eine »Kiwa«, rund oder rechteckig, halb oder ganz in die Erde gebaut. In dem Boden war ein Loch, das »Sipapu«, und bezeichnete die Stelle, an der die Geister aus dem Erdinnern nach oben kommen. Eine »Kiwa« konnte mehrere Funktionen haben: Versammlungsort, Werkstatt für die Männer, Kultstätte. Die Frauen durften die »Kiwa« nur bei besonderen Zeremonien betreten.

DIE ASCHIWI (ZUNI)

• Ihr Name bedeutet »Das Fleisch«. »Zuni« ist eine Verballhornung von »Keresan Suni-jitsi« durch die Spanier, dessen Bedeutung unbekannt ist.

• Sprache: Zunisch

• Sie lebten am Nordufer am Oberlauf des Zuni-Flusses, im Nordwesten des heutigen Staates Neu-Mexiko.

• Bauern, Töpfer, Anhänger des Katchina-Kultes wie die Hopi. Die Gemeinschaft gliederte sich in vier Stände: der oberste war der der Priester, die als Vermittler zwischen dem Diesseits und den Mächten des Jenseits galten und Regen erbitten konnten.

• Die Aschiwi nannten ihr Land »Schiwona« (oder Schiwinakwin = »die Erde, die Fleisch hervorbringt«). 1680 beteiligten sie sich am Aufstand gegen die Spanier und erhielten in der Folge das Land, auf dem sie heute noch leben.

• 1680 wurden sie auf ca. 2 500 geschätzt, heute leben in der Reservation in Neu-Mexiko 7 700.

Nach einer Photographie, Ende des 19. Jhs.

DIE PUEBLO

• Dieses Wort bedeutete auf spanisch soviel wie Ort oder Dorf. Damit bezeichneten die Spanier die Ureinwohner, deren Häuser aus Lehmziegeln erbaut waren. Die Bezeichnung Pueblo vereint viele Stämme mit verschiedenen Sprachen, die als Bauern jahrhundertelang friedlich nebeneinander lebten. Den Frauen gehörte das Land, das von den Männern bearbeitet wurde. Sie hatten auch bei religiösen Zeremonien Mitspracherecht. Ihnen unterstand die Bestimmung über die Nahrungsmittel. Ihr wichtigstes Werkzeug war der Mahlstein, an dem eine tüchtige Frau an einem Tag bis zu 25 Pfund Maismehl mahlen konnte.

• Die Ankunft der Spanier 1540 bedeutete für sie das Ende ihres friedlichen Lebens und den Beginn von Raub und Mord. 1680 rebellierten sie erfolgreich gegen die Besatzer, aber gegen Ende des 17. Jhs. waren die Spanier wieder die Herren des Landes.

• Die Mehrzahl der Pueblo-Stämme lebt im heutigen Staat Neu-Mexiko, die anderen im heutigen Staat Arizona.

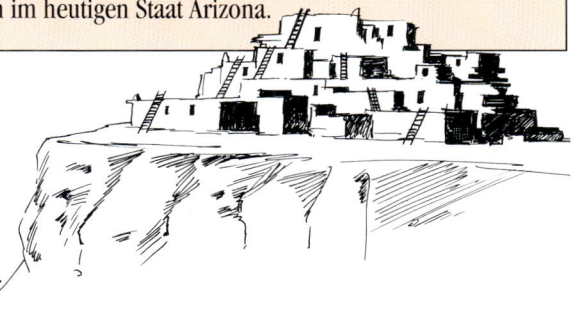

Pueblo-Dorf

Nach Joseph Sharp, 1893.

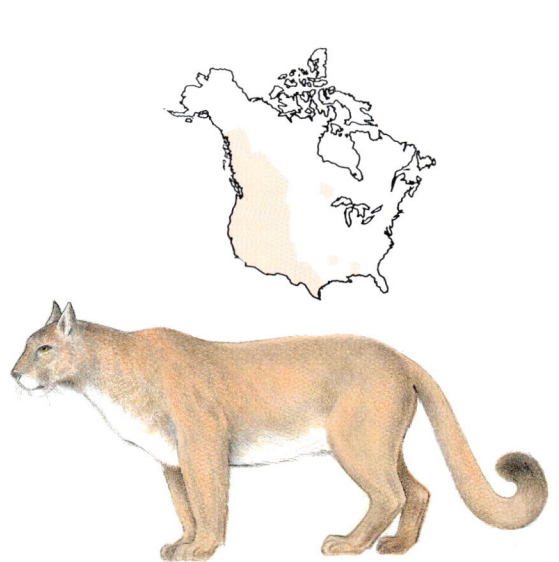

Die Amerikaner nennen ihn den »Berglöwen« (Panthera concolor), doch er ist auch als Puma oder Silberlöwe bekannt. Die größte Wildkatze Nordamerikas jagt vor allem Hirsche, aber auch kleinere Tiere: Biber, Nagetiere, Hasen, Vögel oder sogar Kojoten. Der Puma kann sehr gut klettern und weit springen. Er ist heute, wie viele andere Großkatzenarten, vom Aussterben bedroht.

DIE LETZTEN FREIEN IN DEN BERGEN

Geronimo hieß eigentlich »Gohklajeh« = »der Gähnende« und wurde 1829 im heutigen Staat Neu-Mexiko geboren. Er war Schamane und wurde Häuptling der Chiricahua-Apatschen. Bis 1886 kämpfte er erbittert gegen die Mexikaner und Amerikaner. Er starb nach 23 Jahren Exil 1909 in der Reservation in Oklahoma.

Nach Photographien, Ende des 19. Jhs.

DIE INDE (APATSCHEN)

- Sie nannten sich »Volk«. Die Zuni nannten sie »Apatschu« = »Feind«.

- Sprache: Athapask

- Sie lebten in den heutigen Staaten Arizona und Neu-Mexiko. Es gab zwei große Gruppen: Im Westen die Lipan-Apatschen, Jicarilla (Kleiner Korb)-Apatschen, Mescalero (Volk des Mescal= »berauschendes Getränk«)-Apatschen, Kiowa-Apatschen. Im Osten die Chiricahua (Berg)-Apatschen, Tonto-Apatschen, White-Montain-Apatschen.

- Vor etwa 1 000 Jahren zog eine Gruppe von amerikanischen Ureinwohnern von Alaska plündernd und raubend nach Süden und fiel über die friedfertige Pueblo-Kultur her. Hier erlernten sie den Anbau von Mais, Kürbis und Bohnen und wurden seßhaft. Sie paßten sich den rauhen Bedingungen des Lebens in der Wüste an und waren zäh und ausdauernde Krieger, die blitzschnell zuschlugen und sich wieder zurückzogen.

- Fast 300 Jahre lang widerstanden die Inde den spanischen und amerikanischen Eindringlingen. Der von ihnen geführte Guerillakrieg forderte mehr Menschenleben und Geld als alle sonstigen Indianerkämpfe. Nach der Annektierung von Neu-Mexiko durch die USA wurde ein Friedensvertrag zwischen der Regierung und den Inde geschlossen, doch ständige Vertragsbrüche ließen die Häuptlinge Mangas Coloradas (Buntärmel) und Cochise zu den Waffen greifen. Unter Cochise kam es 1872 abermals zu einem Vertrag, doch der Frieden dauerte nur kurz. Von 1876 bis 1886 kämpften die Inde unter Geronimo und Vittorio erbittert weiter. Lozen, die Schwester von Vittorio, plante mit den Männern im Rat Kriegsstrategien. Sie erkannten auch weibliche Häuptlinge an. Manche Frauen begleiteten ihre Männer in den Kampf.

- Um 1680 wurden sie auf ca. 5 000 geschätzt. Heute leben in den Reservationen in Neu-Mexiko, Arizona und Oklahoma etwa 10 000.

Bis heute weiß man nicht genau, warum die Höhlenwohnungen im Chaco-Canyon von Neu-Mexiko von ihren Bewohnern verlassen wurden. Um etwa 1130 kam es zu mehreren aufeinanderfolgenden Dürreperioden, die Siedlungen verödeten, der Türkismarkt brach zusammen, und es kam zu Streitereien wegen des verbliebenen fruchtbaren Landes. So begannen die Bewohner der Dörfer, ihre Pueblos zu befestigen und zu schützen. Im 14./15. Jh. kam es zu großen Bevölkerungsbewegungen, die Inde drängten von Norden in die Region ein. Sie bewegten sich rasch in kleinen Banden, waren kaum organisiert, und jeder einzelne tat, was er wollte. Als sie den Anbau von Mais, Kürbis und Bohnen von den Pueblo-Völkern lernten, konnten sie nicht mehr so frei umherziehen, weil sie nun auf die Ernte warten mußten. Pferde lernten sie zwar schon sehr früh von den Spaniern kennen, aber sie züchteten sie nie selbst. Die weißen Eindringlinge waren wie die Ne-me-ne ihre Erzfeinde, gegen die sie unablässig in Guerillakriegen kämpften: blitzschnelle Überfälle wechselten mit raschem Rückzug in ihre Verstecke. Doch mit der Unterwerfung der Inde verloren auch die Pueblo-Völker ihre Freiheit und ihren Frieden.

Ein Inde aus dem Westen, Ende des 19. Jhs.

Nach einer Photographie, Ende des 19. Jhs.

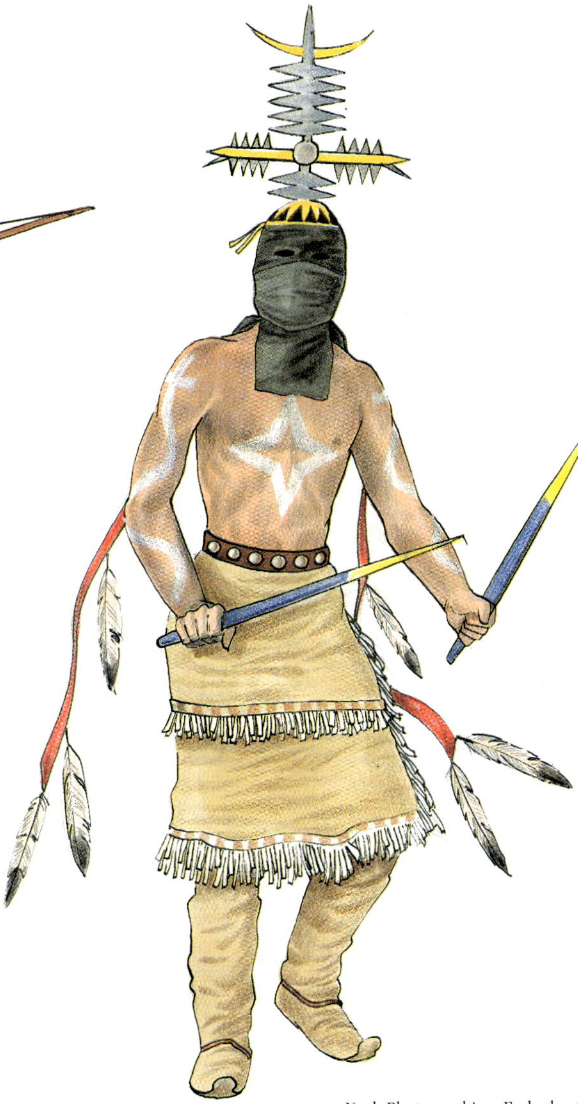

Nach Photographien, Ende des 19. Jhs.

Diese lange und blutige Geschichte begann im Mai 1539 mit einem tragischen Irrtum. Der Vizekönig von Spanien hatte eine Expedition nach Norden ausgeschickt, die von dem Mönch de Niza angeführt wurde. Seine Vorhut griff das Zuni-Dorf Hawikuh an und wurde zurückgeschlagen. Die Überlebenden flüchteten und berichteten de Niza von dem Unglück. Der näherte sich daraufhin vorsichtig und erblickte aus der Ferne das Zuni-Dorf, das in der untergehenden Sonne zu glitzern schien. Nach Mexiko zurückgekehrt, erzählte er in flammenden Worten von einer Stadt ganz aus Gold. Daraufhin schickte der Vizekönig unter Coronado erneut eine Expedition aus. Auf der Suche nach diesem sagenhaften »El Dorado« hinterließ sie eine Spur der Zerstörung und der Massaker. Die erfolglose Suche nach den »sieben Städten von Cibola« führte Coronado über Arizona und Neu-Mexiko bis nach Kansas. Das Resultat dieser Unternehmung veranlaßte die Spanier zur Änderung ihrer Strategie. Mit ungeheurer Brutalität verfolgten sie über 100 Jahre lang ihr Ziel, die Herrschaft über diese Region zu erlangen: Sie wollten die Pueblo-Völker unterwerfen und zum Christentum bekehren, um sie zu Verbündeten gegen die Inde zu machen, und das Gebiet in vier Teile mit befestigten Forts für ihre Soldaten aufteilen.

Die Spanier wollten die Feindschaften zwischen den einzelnen Stämmen nutzen, um die Kontrolle über die Region zu gewinnen. Eine Methode, die die Franzosen und Engländer später ebenfalls zu ihrem Vorteil anwenden sollten. Diese Politik hatte bald den gewünschten Effekt, aber die Ausschreitungen gegenüber den Pueblo-Völkern, von denen sie sich Sklavenarbeiter für ihre Bergwerke holten, führten zum Aufstand von 1680, in dem die Pueblo-Völker einen vorläufigen Sieg errangen. Doch 1694 erzwangen die Spanier ihre völlige Unterwerfung.

Die Prärieklapperschlange (Crotalus viridis) *ist eine der gefährlichsten ihrer Art. Sie wird bis zu 1,60 m lang und ernährt sich von kleinen Säugetieren und Eidechsen.*

DIE BAUERN VON ARIZONA

Nach B. Mollhausen, 1853.

DIE DINEH (NAVAHO)

• Sie selbst nannten sich »Volk«. Die Spanier nannten sie »Apatschen de Navajo« = »Apatschen des bepflanzten Landes«. »Nawahuu« ist der Name eines Dorfes der Tewa-Apatschen, in dessen Nähe sie lebten.

• Sprache: Athapask

• Sie lebten im Nordwesten des heutigen Staates Neu-Mexiko und im Nord-Osten von Arizona.

• Sie lebten in kuppelähnlichen Rundhütten, den »Hogans«, waren zunächst Bauern (Mais und Gemüse) und wurden später Schafzüchter. Die Dineh-Großfamilien wurden von einer Matriarchin geleitet. Das Land gehörte den Frauen, und bei einer Heirat mußte der Mann zum Clan der Frau überwechseln.

• Wie die mit ihnen verwandten Inde kamen sie von Norden, doch sie ließen sich stärker von der Pueblo-Kultur beeinflussen. 1680 beteiligten sie sich am Aufstand gegen die Spanier. Die Verträge von 1846 und 1849 beendeten diese Feindseligkeiten nicht. 1860 erzwang der Oberst Kit Carson mit schrecklichem Gemetzel ihre bedingungslose Kapitulation im Chelly-Canyon. Der Großteil des Stammes wurde daraufhin gefangengenommen. Doch 1867, als Seuchen den Stamm schrecklich dezimiert hatten, durften sie in ihr Gebiet zurückkehren, weil die amerikanische Regierung das Indianerproblem für »gelöst« hielt. Ölvorkommen und florierender Tourismus haben den Stamm vor äußerster Armut bewahrt.

• 1680 wurden sie auf etwa 8 000 geschätzt, heute leben in den Reservationen in Arizona, Neu-Mexiko und Utah mehr als 160 000. Sie sind damit einer der größten Stämme.

Ein Dineh-Hogan. Das Holzgerüst ist mit Erde oder Rinde gedeckt.

Um die Mitte des 17. Jhs. ließen sich einige Apatschengruppen in Dörfern nieder, die sie nach dem Modell der Pueblos errichtet hatten. Sie wurden von den Spaniern »Navajos« genannt. Sie lebten von Feldwirtschaft, Jagd und Schafzucht. Wie ihre Verwandten, die Inde, waren sie erbitterte Widersacher der weißen Eindringlinge und setzten sich gegen die stückweise Inbesitznahme ihres Landes zur Wehr. Ihr Kampf endete erst im letzten Jahrhundert, als unter Kit Carson ihre Felder, Plantagen und Vorräte zerstört und ihre Herden weggenommen wurden. In der Ödland-Reservation »Bosque Redondo« starb ein Viertel des Stammes.

Die Geschichte der Pima und der Papago im Süden des heutigen Staates Arizona und die der Kwichana im äußersten Südwesten ist ähnlich blutig wie die der Dineh. Sie wurden mehrere Male von den Spaniern und später von den Amerikanern unterworfen und sahen dann als einzige Überlebensmöglichkeit, sich mit den Weißen gegen die Inde zu verbünden, unter deren Raubzügen sie ebenfalls zu leiden hatten.

Manche Ureinwohner wurden zu ihrem Glück lange nicht »entdeckt«, wie z. B. die Hawasupai (»Volk des blaugrünen Wassers«), die erst 1776 von einem Weißen gesehen wurden. 1862 wurde in ihrem Gebiet Gold gefunden, was den Tod von 100 Amerikanern und 1 000 Ureinwohnern zur Folge hatte.

Dineh-Schamane

DIE KWICHANA (YUMA)

- Sie selbst nannten sich »Kwichana«. Die Pima nannten sie »Würmerfresser«.
- Sprache: Yuma
- Sie lebten am Unterlauf des Colorado-Flusses.
- Sammeln, Fischfang, Feldwirtschaft mit Bewässerungsanlagen.
- Im Zuge des Kalifornien-Trails drängten immer mehr weiße Siedler in ihr Land, und sie setzten sich verzweifelt zur Wehr. Daraufhin zerstörten Soldaten der US-Armee Hütten, Vorräte und Maisfelder des Stammes. Die Überlebenden waren gezwungen, die Bedingungen der Weißen anzunehmen.
- 1776 noch auf 3 000 geschätzt, leben heute noch ungefähr 1 000 im Tal des Colorado und in der Reservation in Kalifornien.

Nach Arthur Scott, 1855.

Papago-Hütte

Dineh-Weberei

Der Erdkuckuck (Geococcyx californianus) *ist ein außergewöhnlicher Vogel und lebt im Südwesten Nordamerikas. Wenn er entdeckt wird, kann er meist durch rasches Hakenschlagen seinen Verfolgern entkommen. Er frißt vor allem Insekten, Eidechsen, Skorpione und kleine Schlangen.*

KALIFORNIEN
DAS GROSSE BECKEN
DIE HOCHEBENE

Da diese Region auf geographischen oder geschichtlichen Karten nicht so eindeutig von natürlichen Grenzen bestimmt wird wie andere, wurden lange Zeit Kalifornien mit dem Großen Becken und die Hochebene mit den Great Plains zusammengefaßt. Heute sieht man alle drei Regionen als eigenständige Gebiete an.

KALIFORNIEN

Kalifornien gilt als die Region mit dem angenehmsten Klima in ganz Nordamerika. Es ist gemäßigt warm, die Erde fruchtbar und durch ein Netz von Wasserläufen gut bewässert. Nur im Süden erstreckt sich das trockene Gebiet der Mohave-Wüste, nahe beim Großen Becken. Die Bevölkerungsdichte der Ureinwohner war in Kalifornien immer relativ stark – kein Wunder bei den günstigen Lebensbedingungen: es gab reichlich Wild, eine vielfältige und fruchtbare Vegetation. Alles notwendige Material für die Herstellung von Waffen, Werkzeugen oder Behausungen war zu finden. Die Stämme waren sich in ihren Sitten und Lebensgewohnheiten sehr ähnlich, trotz der vielen verschiedenen Sprachen. Mehr als 100 Dialekte stammen aus den Athapasken-, Penuti- und Hokan-Sprachfamilien. Diese Völker lebten in friedlichem Einvernehmen, tauschten ihre Produkte untereinander aus und achteten den Lebensraum ihrer Nachbarn. Die selten aufflammenden Streitigkeiten wurden meist durch Verhandlungen gelöst, selten durch Waffengewalt.

DAS GROSSE BECKEN

Diese Region umschließt ganz Nevada und Utah, die Hälfte von Oregon, Idaho, Wyoming und Colorado und läßt sich in zwei Hälften teilen: Das eigentliche Große Becken ist eine weite Hochebene und liegt mehr als 1 000 m über dem Meeresspiegel. Sie wird im Westen von der Sierra Nevada begrenzt (Mount Whitney 4 341 m), im Norden vom Flußtal des Snake und den Bergen des Salmon-Flusses, im Osten von den Bergen Teton und Wasatch und im Süden vom Tal des Todes am Rand der Mohave-Wüste.
Im Osten wird die Hochebene von Colorado mit den Flüssen Green und Colorado von Bergketten eingeschlossen, die mehrere Gipfel von über 4 000 m haben.
Diese natürlichen Grenzen bilden den Rahmen, der aus dem Großen

Becken eine der trockensten Landschaften der Erde macht. Es ist hier unerträglich heiß, ein Land nur aus Sand und Felsen. Seltene heftige Gewitter erhalten den Wasserspiegel der morastigen, feuchten Senken, aber die wichtigste Wasserversorgung kommt im Frühling in tosenden Bächen von den Bergen und füllt die wenigen Wasserläufe.

DIE HOCHEBENE

Eingeschlossen von den Rocky Mountains, umfaßt die Hochebene den Süden von British-Columbia in Kanada und den größten Teil der Staaten Washington, Oregon, Montana und Idaho. In dieser Gegend dominieren zwei Sprachfamilien: die Penuti-Schahapten mit den Stämmen Nimipu, Wailatpu, Wastailmin, Walla-Walla und Klikita und die Salisch mit den Stämmen Cœur D'Alène, Salisch, Schuswap, Ntlakyapamuk. Nur der Stamm der Kutenai in den Selkirk-Bergen entzieht sich dieser Einteilung. Seine Sprache ist einzigartig, einige Wissenschaftler ordnen sie zum Wakaschan und Algonkin, andere zu den Athapasken.

Das Leben aller Stämme dieser Regionen wurde von den Flüssen bestimmt: im Norden vom Fraser, Bridge und Lillooet, im Süden vom Columbia und seinen vielen Nebenflüssen. Diese Wasserläufe boten einen unerschöpflichen Vorrat an Nahrung wie Lachs, Stör und Forelle und ermöglichten außerdem einen regen Handelsverkehr zwischen der Pazifikküste und dem Landesinnern.

Lachsfang

KALIFORNIEN

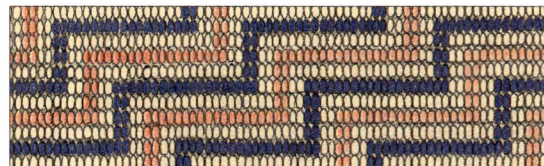

DIE HIRSCHMENSCHEN

Am Unterlauf des Colorado lebten die Mohave in der Wüste, die nach ihnen benannt ist. Auf einem schmalen Streifen fruchtbarer Erde bauten sie Mais, Kürbis und Bohnen an und ergänzten diese Nahrung durch das Sammeln von Früchten und Kaninchenjagd. Die Mohave unterschieden sich von den anderen kalifornischen Stämmen vor allem dadurch, daß sie (besonders die Frauen) Bauern und Pflanzer waren. Sie nutzten die zwar schmalen, aber äußerst fruchtbaren Ufer des Colorado. Die regelmäßigen Überschwemmungen ersparten ein aufwendiges Bewässerungssystem und sicherten reiche Ernten.

An der Küste Südkaliforniens lebten noch andere Stämme der Hoka-Sprachfamilie: Tipai, Luiseno, Chumasch. Die Chumasch waren hervorragende Fischer: Wale, Delphine, Robben und Meerotter jagten sie mit ihren schnellen Piroggen. Sie ruderten mit dem Paddel hinaus, und dann harpunierten drei oder vier Jäger die Beute, oder sie fingen sie in ihren aus Seepflanzen geknüpften Netzen. In den flachen Küstengebieten fingen sie die Fische in Reusen oder verwendeten als Köder giftige Pflanzen, die ihre Beute lähmten. Außerdem gab es Austern und Muscheln im Überfluß.

Während der Missionsperiode von 1771 bis 1824 verringerte sich die gesamte indianische Bevölkerung zwischen San Diego und San Francisco von 72 000 auf 18 000.

Weiter im Norden lag das Gebiet der Yokut, Miwok und Costano, Stämme der Penuti-Sprachfamilie. Sie lebten in weit verstreuten Dörfern in kegelförmigen Unterkünften: Stangengerüste, die mit Buschwerk oder Binsen gedeckt wurden. Sie waren geschickte Korbflechter und respektierten die Jagd- und Fischereigründe ihrer Stammesgenossen. Das Häuptlingsamt war oft erblich und konnte auch von einer Frau ausgeübt werden.

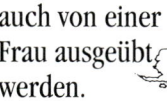

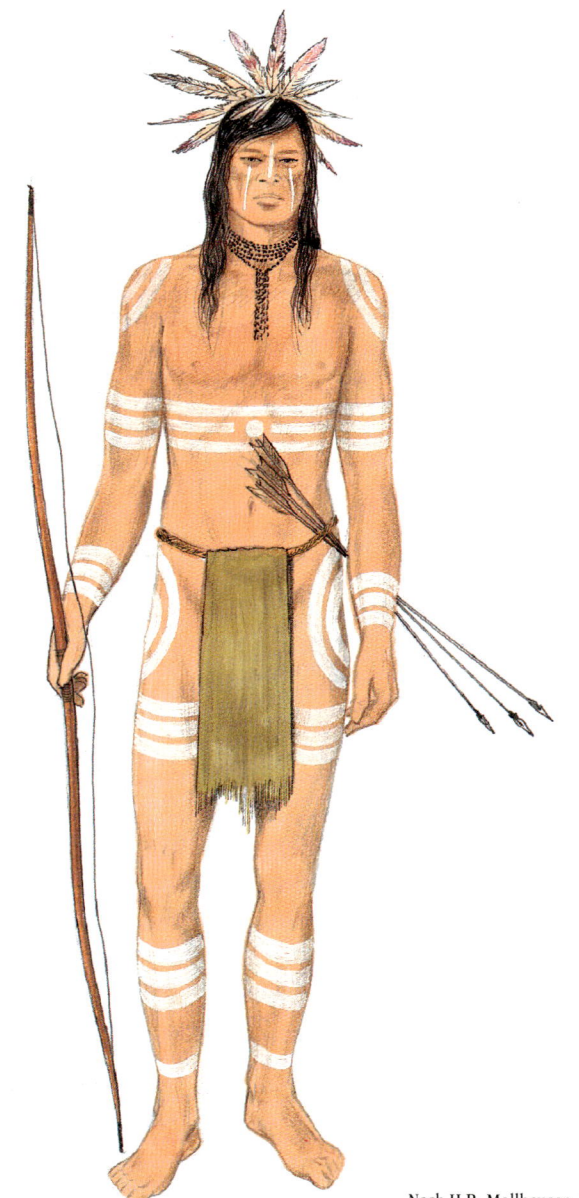

Nach H.B. Mollhausen, 1857.

DIE MOHAVE

- Von »Hamakhava« = »drei Berge«, mit Bezug auf das Needle-Massiv.
- Sprache: Hoka
- Sie lebten am Unterlauf des Colorado.
- Feldwirtschaft.
- Nachdem einige Häuptlinge 1858 von den Mormonen getauft und gegen die Amerikaner aufgewiegelt wurden, machte die U.S.-Armee die Hälfte der Mohave nieder, und sie mußten in eine Reservation ziehen, wo 1907 ca. 95% an Tuberkulose starben.
- 1680 wurden sie auf 3 000 geschätzt, 1937 waren es noch 856.

Der Wapiti-Hirsch (Cervus elaphus canadensis) *lebt in den Rocky Mountains und in Kalifornien, außerdem noch in Südkanada und im Tal des Ohio. Er ist mit dem europäischen Hirsch verwandt und war das bevorzugte Wild der Indianer. Aus seinem Geweih fertigten die Hupa Löffel, die meist nur Männer benutzen durften.*

DIE MIWOK

- In ihrer Sprache bedeutet das »Menschen«.
- Sprache: Penuti
- Sie lebten im Yosemite-Tal, östlich des heutigen San Francisco.
- Jagd und Feldwirtschaft.
- Um der Unterdrückung der Missionare zu entkommen, nahmen sie an mehreren Aufständen teil. 1843 wurden einige Miwok-Dörfer von den Mexikanern überfallen. Die Goldfunde in Kalifornien und der daraufhin einsetzende Goldrausch zerstörten ihre Lebensweise – die weißen Goldsucher schlachteten die Ureinwohner förmlich ab, um sich ihres Landes zu bemächtigen.
- 1770 gab es knapp 10 000. Heute existiert der Stamm nicht mehr.

Miwok-Hütte

Ein Tänzer, nach W. H. Rolofson, 1856.

DIE CHUMASCH

- Die werden auch »Santa-Barbara-« oder »Santa-Rosa-Indianer« genannt.
- Sprache: Hoka
- Sie lebten an der Südküste des heutigen Staates Kalifornien und auf einigen Inseln in der Meerenge von Santa Barbara.
- Fischfang. Die Männer bearbeiteten Stein und Holz, die Frauen waren geschickte Korbflechterinnen.
- Ab 1771 wurden auf ihrem Gebiet 5 Missionsstationen der Franziskaner errichtet. Die daraus resultierenden Spannungen führten zum Aufstand von 1824. Während der Missionsperiode wurde der Stamm so gut wie ausgelöscht.
- Um 1770 wurden sie auf 2 000 geschätzt, heute leben nur noch einige Dutzend.

DIE YOKUT

- In ihrer Sprache bedeutet das »Menschen«.
- Sprache: Penuti
- Sie lebten im San-Joaquin-Tal.
- Jagd und Feldwirtschaft.
- Viele konnten zunächst der gewaltsamen Missionierung entkommen, doch dann wurden sie Opfer des Kalifornischen Goldrauschs von 1849.
- Um 1770 etwa 18 000, 1930 noch rund 1 000.

Ein Schamane, nach Léon de Cessac, 1878.

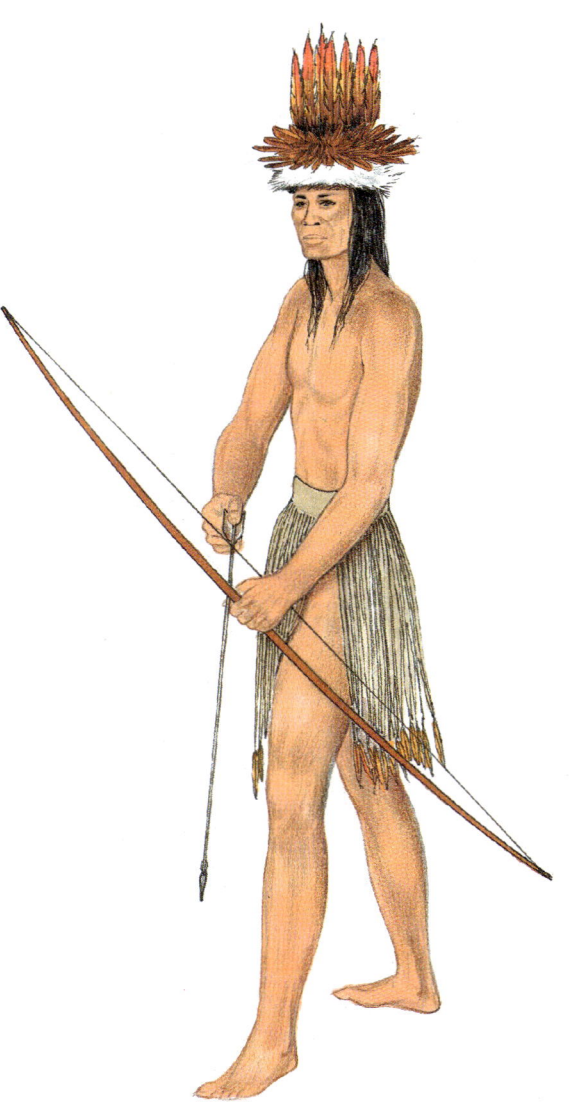

Nach Léon de Cessac, 1877.

FISCHER UND KORBFLECHTER

Nach einem Stich, Ende des 19. Jhs.

DIE POMO

- In ihrer Sprache bedeutet das »Menschen«.
- Sprache: Hoka
- Sie lebten in der Küstenregion nördlich des heutigen San Francisco.
- Sammeln von Früchten, vor allem Eicheln. Jagd und Fischfang. Sie waren berühmt für ihre Arbeiten aus Muscheln und Meerschaum. Die Frauen arbeiteten die schönsten Körbe von ganz Kalifornien von fingerhutgroß bis zu einem Meter hoch, wozu sie mehr als 30 verschiedene Pflanzen als Material benutzten. In manchen Körben kamen auf 1 cm² 30 Flechtknoten, darin konnte sogar Wasser transportiert werden.
- Die Pomo entzogen sich weitgehend den Missionierungsversuchen der Franziskaner.
- Um 1770 wurden sie auf 8 000 geschätzt, heute leben von ihnen noch etwa 1 000.

Weiter im Norden lebten die Pomo in drei Gruppen. Die größte lebte in dem Küstenstreifen, wo starke Winde wehten, die zweite Gruppe im Tal des Russian-River unter Mammutbäumen und die dritte an den Ufern des Clear-Sees (200 km²). Der See war eine unerschöpfliche Nahrungsquelle für Fische und anderes Wild, eine klare Wasserfläche, umrahmt von Wald. Trotz dieser unterschiedlichen Lebensbedingungen unterschied sich das kulturelle Leben der einzelnen Pomo-Stämme kaum voneinander. Sie hatten eine Art Geld-System entwickelt, womit sie bei den anderen Stämmen einkaufen konnten: Flechtmaterial, Pfeilspitzen, Otterfelle, Muscheln etc. Die Pomo besaßen auch kostbares Salz, das sie im Sommer im flachen Meerwasser gewannen. Dieses wichtige Lebensmittel wurde auch zur Bezahlung und als Geschenk verwendet. Salzdiebe wurden hart bestraft.

Bei allen Stämmen dieser Gegend wurden die Jagdgebiete der anderen respektiert. Die Häuptlingswürde besaßen die reichen und klugen Männer, die friedlichen Tauschhandel kämpferischen Auseinandersetzungen vorzogen. Der Tauschhandel bot Anlaß zu Expeditionen, womit Neugier und Abenteuerlust befriedigt wurden. Die Küsten-Pomo trieben Handel mit ihren Verwandten im Landesinnern, und die Yurok vom Klamath-Fluß mit den Hupa vom Trinity-Fluß.

Vom Militär unterstützt, gründeten die Franziskaner und Dominikaner zwischen 1769 und 1820 in dieser Gegend 21 Missionsstationen, um die Ureinwohner zum »wahren Glauben« zu bekehren. Diese Verbindung zwischen Schwert und Kreuz bedeutete für die Indianer die Versklavung, den Weißen sicherte sie einen enormen landwirtschaftlichen Reichtum mit Herden, die aus rund 400 000 Rindern, 60 000 Pferden und 300 000 Schafen und Ziegen bestanden. Denen, die sich der Mis-

sionierung verweigerten, drohten Peitsche, Brandzeichen und Gefängnis. Das Leben unter diesen Bedingungen – Zwangsarbeit, unzureichende Ernährung, brutale Behandlung – hatte in nur wenigen Jahrzehnten den Tod von drei Vierteln der Urbevölkerung zur Folge.

Als 1823 Mexiko seine Unabhängigkeit von Spanien erreichte, verschwanden die Missionare. Nun suchten die amerikanischen Rancher unter den Ureinwohnern nach billigen Arbeitskräften: andere Herren, aber das gleiche Elend. Daran änderte sich auch in den folgenden Jahrzehnten nichts. Der Goldrausch und die Kolonialisierung besiegelten den Untergang der Urbevölkerung Kaliforniens trotz ihrer letzten verzweifelten Versuche, sich kämpfend zu wehren. 1850 erklärte ein Gesetz in Kalifornien alle Ureinwohner zu Vagabunden – danach durften sie eingesperrt oder verkauft werden.

Die kalifornische Schopfwachtel (Lophortyx californicus) ist entlang der gesamten nordamerikanischen Pazifikküste verbreitet, von der Insel Vancouver bis zur Bucht von Kalifornien. Man erkennt sie an dem schwarzen Häubchen auf dem Kopf. Ihr Federkleid ist graublau.

Nach einem Stich, um 1850.

DIE YUROK

- Von dem Karok-Wort, das »talwärts« oder »flußabwärts« bedeutet.
- Sprache: Algonkin
- Sie lebten am unteren Klamath-Fluß.
- Sammeln und Fischfang. Sie bauten Einbäume aus Mammutbäumen.
- Sie kamen erst spät in Kontakt mit den Weißen und hatten nur wenige Auseinandersetzungen mit den Goldsuchern oder Siedlern. 1855 wurden sie in eine Reservation auf ihrem Land eingewiesen, das heute an die Hupa-Reservation angrenzt.
- Im 19. Jh. lebten noch etwa 2 500, heute um die 1 000.

Nach John Daggett, Ende des 19. Jhs.

DIE KAROK

- Wahrscheinlich von »Karuk« = » stromaufwärts«.
- Sprache: Hoka
- Sie lebten am Mittellauf des Klamath.
- Jagd und Fischfang. Ihre Geschichte ist ähnlich der der Yurok, mit denen sie heute in der Reservation leben.
- Um 1770 etwa 1 500. Heute um die 2 000.

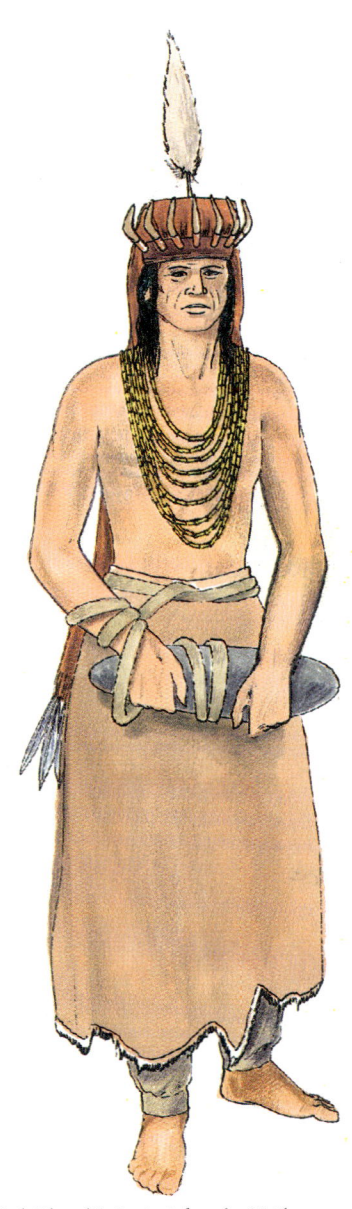

Nach Edward S. Curtis, Anfang des 20. Jhs.

DIE HUPA

- Nach dem Tal »Hoopa«, in dem dieser Stamm lebte.
- Sprache: Athapask
- Sie lebten in den Tälern des Trinity und des New River und am Unterlauf des Klamath.
- Ihre Dörfer bestanden aus Zedernholzhäusern, die rund um die Schwitzhütte errichtet waren. Die Frauen waren geschickte Korbflechterinnen und die Männer Holzschnitzer.
- Die Gemeinschaft der Hupa gründete auf dem Wohlstand des Einzelnen und wurde durch komplizierte Regeln bestimmt: Im Konfliktfall mußten Kompromisse gefunden oder Entschädigungen bezahlt werden. Den Winter verbrachten die Männer wie bei den Yurok im Männerhaus.
- Bis 1850 hatten sie nur selten Kontakt mit Weißen. 1864 wurden sie von der amerikanischen Regierung in eine Reservation eingewiesen. Durch eine Cholera-Epidemie wurden sie stark dezimiert.
- Im letzten Jh. wurden sie auf 1 000 geschätzt, heute hat sich ihr Stamm in etwa verdoppelt.

DAS GROSSE BECKEN

DIE KOJOTENMENSCHEN

Mit Ausnahme der Nu-Chi (Ute) auf der Hochebene von Colorado lebten die Stämme der Schoschonen, Numa (Paiute), Wascho im Großen Becken unbeeinflußt von anderen Kulturen. Sie waren friedlich und meist mit der Nahrungssuche beschäftigt. Damit nicht so viele hungrige Münder zu stopfen waren, zogen sie in Gruppen von mehreren Familien umher. Wenn es reichlich Nahrung gab, bildeten mehrere kleine Gruppen auch zeitweilig eine große.

Diese Aufteilung in kleine Nomadentrupps hatte wie bei den meisten Wildbeuterkulturen eine lose Stammesorganisation zur Folge. Wenn etwas Bestimmtes organisiert werden mußte, wie eine Zeremonie, ein Jagdzug oder ein kriegerischer Überfall, so wurde ein Verantwortlicher bestimmt, der über besondere Fähigkeiten, Kenntnisse oder Mut verfügte. Seine Befehlsgewalt war mit dem Ende der Unternehmung ebenfalls beendet. Wichtige Beschlüsse faßte man nach Beratung mit Älteren, die für ihre Weisheit berühmt waren.

Als Anfang des 19. Jhs. die Ureinwohner des Großen Beckens in Kontakt mit den Weißen kamen, wurden die Indianer von ihnen »Digger« genannt, weil sie im Unterholz und in der Erde gruben und alles Eßbare verzehrten: Wurzeln, Insekten, Raupen, Maden, Schlangen, Eidechsen und kleine Nagetiere. Sie begnügten sich mit dem, was sie vorfanden, auch wenn es manchmal kärglich war. Doch es gab auch immer mal wieder reichlich zu essen. Am Ende des Winters erschienen die Tamias (Erdhörnchen) in großer Zahl und zeigten damit die Wiederkehr der Wasservögel an: Enten, Gänse, Brachvögel, die auf den Sümpfen und Seen auf ihrem Flug nach Norden zwischenlandeten. Die Ureinwohner benutzten Köder, um die Schwärme zum Landen zu bringen. Mit kleinen Wasserfahrzeugen aus Schilf schlichen sie sich an die Vögel an und stahlen die Eier aus den Nestern. Die Nähe des Wassers ermöglichte es ihnen außerdem, Rohrkolben-Sprossen zu ernten und Fische zu fangen. Ausgenommen und getrocknet bildeten Fische die Notration für magere Zeiten.

Wenn die heiße Jahreszeit kam, wanderten die Stämme in das höher gelegene Land, weil hier die Lebensbedingungen besser waren. Jedes Jahr bedeutete das wieder ein Abenteuer, denn die Natur verwandelte von einem Sommer zum nächsten einen See oder einen Wasserlauf in einen morastigen Sumpf oder in ein kaum wahrnehmbares Rinnsal zwischen den Felsen. Im September wurden Pinienzapfen geerntet, um ihre Samen zu gewinnen. Die Bäume wurden bis zu 12 m hoch und wuchsen an den Berghängen, inmitten von Wacholderbüschen. Da die Pinien aber nur alle zwei, drei Jahre Früchte trugen, wurden Kundschafter ausgeschickt, die nach Zapfen Ausschau halten sollten. Wenn sie welche gefunden hatten, machten sich Männer, Frauen und Kinder auf, um die Zapfen zu sammeln, deren Kerne eines ihrer Grundnahrungsmittel waren.

Am Ende des Herbstes stiegen die Ureinwohner wieder hinab in die Wüste. Jetzt ging es auf die Jagd nach dem Kalifornischen Eselhasen, von den Amerikanern »Schwarzschwanz« genannt. Die Jäger knüpften aus Hanffasern Netze, die 100 m lang und 150 m breit waren. Die Netze waren locker gewebt und ließen nur den Kopf und die Ohren des Tieres durch. Mehrere Netze wurden nacheinander über ein kleines Tal gespannt, und dann wurden die Tiere in die Falle getrieben.

Der Kojote (Canis latrans) *ist fast auf dem ganzen nordamerikanischen Kontinent verbreitet. Er kann lange Strecken bis zu 500 km zurücklegen. Obwohl er oft auch der Konkurrent des Menschen war, genoß er den Respekt der Ureinwohner im Großen Becken, denn er warnte sie vor dem Puma.*

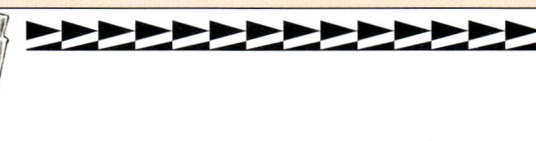

Diese drei Pflanzen spielten in der Ernährung der Menschen im Großen Becken eine wichtige Rolle:

A. Der Breitblättrige Rohrkolben (Typha latifolia) *kann bis zu 2,50 m hoch werden. Die ersten Triebe wurden roh oder gekocht gegessen, die Wurzelstöcke wurden zu Mehl zerstampft.*

B. Die Kamassie (Camassia quamasch) *gehört zu den Liliengewächsen. Ihre Zwiebeln sind eßbar.*

C. Die Lewisie (Lewisia rediciwia) *ist eine kleine Pflanze mit lila oder weißen Blüten, die unter Kiefern wächst. Ihre Wurzeln sind eßbar.*

DIE BANNOCK

- Verballhornung ihres eigenen Namens: »Bana'kwut«.
- Sprache: Schoschon
- Sie lebten im Grenzgebiet der heutigen Staaten Idaho, Wyoming und Montana.
- Die Bannock besaßen seit Anfang des 18. Jhs. Pferde und waren Bisonjäger und Lachsfischer. Sie streiften in kleinen Banden umher, lebten im Sommer in Schilfhütten, die mit Grasmatten bedeckt wurden, und im Winter in Unterständen, die halb unter der Erde lagen. Sie waren geschickte Korbflechter.
- Sie wurden durch Pockenepidemien stark dezimiert. Sie lagen ständig im Kampf mit den Siksika und den Nimipu und später mit den Weißen.
- 1829 wurden sie auf 5 000 geschätzt, heute leben von ihnen noch etwa 1 000 in einer Reservation in Idaho.

Nach einer Zeichnung von 1880.

Nach einem Stich, Anfang des 19. Jhs.

DIE SCHOSCHONEN

- Bei den Nachbarstämmen bedeutete »Scho-scho-ni« soviel wie »Grashüttenbewohner«. Bei den meisten anderen und den Europäern hießen sie »Schlangen« oder »Schlangenvolk«. Das hatte nichts mit dem Tier, sondern mit dem Zeichensprachenlaut für die Schoschonen zu tun.
- Sprache: Schoschon
- Sie lebten rund um den Großen Salzsee. Die berühmteste Schoschonenfrau war Sacajawea, die als Dolmetscherin zum Gelingen der Lewis-Clark-Expedition beitrug. Bei ihrem Volk genoß sie so hohes Ansehen wie ein Häuptling und durfte offiziell ihr Volk bei den Reservatsverhandlungen 1868 vertreten. Sie wurde 100 Jahre alt.
- Die Nordschoschonen waren wie die Prärieindianer Büffeljäger. Von ihnen lernten die anderen Stämme Pferde kennen: Siksika, Absaroke, Nimipu. Die Westschoschonen waren seßhafter und lebten vom Sammeln wilder Früchte und vom Lachsfang. Da sie erst spät in den Besitz von Feuerwaffen kamen, waren sie bald durch Überfälle bewaffneter Prärieindianer von der Ausrottung bedroht. Ihnen blieb nichts anderes übrig, als die amerikanische Regierung um Schutz zu bitten. Sie zogen 1868 in die Wind-River-Reservation und entgingen so dem Schicksal der anderen Schoschonen-Stämme.
- 1845 gab es etwa 4 500, heute sind es etwa noch genausoviel.

Nach C. C. Nahl, 1866.

IN DER UMGEBUNG DES COLORADO-RIVER

*Die Numa fertigten kegel-
förmige Körbe für die Ernte der
Piniensamen der Singleleaf-
Pinie in Nevada oder der
Colorado-Pinie, die in den
heutigen Staaten Utah, Arizona
und Neu-Mexiko verbreitet war.*

Nachdem sie in den Besitz von
Pferden gekommen waren,
änderte sich das Leben der Nu-Chi in Colorado
von grundauf. Seit dem 18. Jh. gingen sie in der
Prärie auf Büffeljagd. Ihre Sitten wurden kriegerischer,
und sie standen auf seiten der Spanier in den Auseinan-
dersetzungen mit den Ne-me-ne, Inde und Dineh. Die
anderen Stämme im Großen Becken blieben länger isoliert.
Die Weißen zeigten kein Interesse an dieser trostlosen Landschaft, bis zur Ankunft der Mormonen 1847 im Gebiet um den Großen
Salzsee. Die anfänglich gute Nachbarschaft wurde rasch zur offenen
Feindschaft.
Zur gleichen Zeit veränderte ein anderes Ereignis den amerikanischen
Westen: Am 24. 1. 1848 wurde in Kalifornien bei der Sägemühle des
Schweizer Einwanderers Johann Sutter Gold gefunden. Sofort machte
sich ein wahrer Strom von Goldsuchern, Armen und Abenteurern auf
den Weg nach Kalifornien. Für die Indianer bedeutete diese Entwick-
lung Flucht oder Elend. Viele starben an den Krankheiten, die die
Weißen eingeschleppt hatten, allein die Cholera forderte mehr als
2 000 Opfer. 1872 wurde auf dem Land der Nu-Chi in den Bergen von
San Juan Silbererz entdeckt. Die Goldsucher und Siedler starteten eine
Kampagne mit dem Ziel, die Indianer aus diesem Gebiet zu vertreiben.
Als die Indianer rebellierten, wurde die U.S.-Armee zur Hilfe gerufen,
doch der weise Nu-Chi-Häuptling Ouray erkannte die aussichtslose
Lage und ergab sich. Daraufhin sollten die Nu-Chi zur Strafe so hohe
Summen bezahlen, daß angesichts ihrer Schulden und des Jagdverbots
die Regierung ihre Lebenserwartung mit 10 Jahren ansetzte. Für 1889
war die Nu-Chi-Reservation bereits zur Vergabe an die Siedler vor-
gesehen.

*Der Kalifornische Eselhase
(Lepus californicus) ist im
Westen Nordamerikas weit
verbreitet. Er unterscheidet
sich von anderen Arten
durch seinen weiß-
geränderten Schwanz.*

Nach einer Photographie von 1860.

Hütte der Numa

DIE NUMA (PAIUTE)

• Ihr Name bedeutet: »Menschen«.

• Sprache: Schoschon

• Das Gebiet der Numa erstreckte sich vom heutigen Oregon, über Nevada bis Utah.

• Als die Goldsucher und Siedler nach 1850 in den Westen einfielen,
gaben die Mormonen zu ihrem Schutz den Numa Feuerwaffen. 1865
beschlossen die Nord-Numa, in die Reservation zu ziehen, die Süd-Numa
folgten ihnen einige Jahrzehnte später. Sie unterstützten den Aufstand der
Bannock 1878. Eine herausragende Persönlichkeit der Numa war Sarah
Winnemucca (1845–1891), die einen schweren Stand als Vermittlerin
zwischen ihrem Volk und den wortbrüchigen Weißen hatte, deren Versprechungen sich oft als „leerer Wind" erwiesen.

• 1985 lebten in den Reservationen von Nevada (Duck Valley, Pyramid
Lake, Walker River) und auf kalifornischen Ranches etwa 5 bis 6 000.

Nach einer Photographie von 1868.

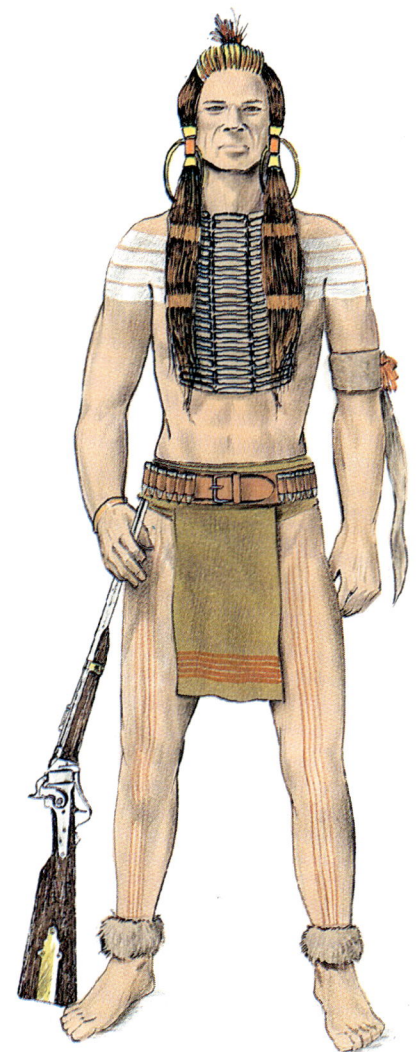

Nach Edmund O'Beamon, 1871.

DIE NU-CHI (UTE)

• Ihr Name bedeutet »Menschen«. Wegen ihrer dunklen Hautfarbe wurden sie oft »Black Indians« genannt.

• Sprache: Schoschon

• Die Ost-Nu-Chi lebten in der Mitte und im Westen des heutigen Staates Colorado, die West-Nu-Chi lebten in der Mitte des heutigen Staates Utah.

• Die Nu-Chi waren erbitterte Feinde der Dineh und Pueblo-Indianer und halfen den Weißen bei ihren Vernichtungsfeldzügen gegen sie. Als 1879 aus den Nu-Chi mit Gewalt Feldwirtschafter nach amerikanischem Vorbild gemacht werden sollten, brach ein Aufstand los. Sie massakrierten 11 Weiße und mußten dafür hohe Strafen zahlen.

• 1845 wurden sie auf 4 500 geschätzt, 1937 gab es von ihnen noch etwa 2 000.

DIE WASCHO

• Von »Waschiu« = »Mensch«.

• Sprache: Hoka

• Sie lebten im westlichen Nevada.

• Berühmt für ihre Korbflechtarbeiten.

• 1862 wurden sie durch die Numa besiegt, die sie bis in die Gegend der Stadt Reno vertrieben. Die Regierung bot ihnen zwei Reservationen an, die jedoch von weißen Siedlern in Besitz genommen wurden, bevor die Indianer dort ankamen.

• 1845 gab es etwa 1 000, 1937 lebten noch etwa 600.

Streifenbackenhörnchen (Tamias striatus) *leben bevorzugt in Nadelholzwäldern und ernähren sich von Nüssen, Körnern und Beeren.*

Nach einer Photographie von 1890.

DIE HOCHEBENE

DIE LACHSMENSCHEN

Die Salisch von der Küste trieben regen Handel mit den Stämmen im Innern des Landes. Aber die betriebsamsten Zwischenhändler waren die Chinook, ein Netz von kleinen autonomen Stämmen, die an den Nebenflüssen des Columbia lebten. Als Mittler zwischen zwei sehr unterschiedlichen Regionen ernährten die Chinook sich einmal vom Lachsfang, zum anderen vom Handel. Mit ihrer Vermittlung florierte der Handel mit Pelzen, getrocknetem Fisch, Tran, Muscheln, Körben und Sklaven, von denen sie selbst viele hatten.

In der Nähe des Zusammenflusses von Columbia und Deschutes war ihr Umschlagsplatz. Die Verhandlungen wurden in einem Sprachengemisch aus Salisch, Chinook und Nootka geführt. Allgemein als »Chinook« bekannt, enthielt diese Handelssprache auch englische und französische Wörter, seitdem die Weißen zu Beginn des 19. Jhs. die wichtigsten Handelspartner geworden waren. Seit 1775 fuhren sie mit ihren Schiffen an der Küste entlang und tauschten mit den Nootka und Makah ihre Erzeugnisse gegen europäische Produkte. So kam es, daß viele Ureinwohner im Landesinneren Werkzeuge aus Metall besaßen, obwohl sie noch nie einen Weißen gesehen hatten.

Wegen dieser regen Handelsbeziehungen war dieses Gebiet als Knotenpunkt zwischen Norden und Süden, Osten und Westen ein Mosaik der unterschiedlichsten Kulturen. Einige Stämme im Westen der Hochebene waren ähnlich den Stämmen entlang der Pazifikküste organisiert, die anderen im Osten der Hochebene (Kutenai, Cœur d'Alène, Salisch, Nimipu, Waptailmin und Wailatpu) waren größtenteils Bisonjäger.

Nur die Salisch sprechenden Stämme in der Mitte dieses Gebiets (Schuswap, Ntlakyapamuk, Lake, Sanpoil, Spokan) waren bis Mitte des 19. Jhs. noch unberührt von äußeren Einflüssen und lebten im Rhythmus der Jahreszeiten immer auf Nahrungssuche. Im Frühling zogen die Männer und Frauen aus, die einen, um Kaninchen zu jagen oder zu fischen, die anderen, um die ersten Wurzeln oder eßbare Pflanzen zu sammeln. Im April wurden die Winterlager verlassen, und die Stämme wohnten während des Sommers in der Nähe der Flüsse.

Die Fischereigründe wurden sorgsam markiert und vorbereitet, damit möglichst viele Fische auf ihrem Weg zum Laichplatz in die Fallen gingen oder harpuniert werden konnten. Die Flußengen wurden vertieft und mit weißem Kies oder kleinen Steinen ausgelegt, damit das verräterische Glitzern der stromaufwärts schwimmenden Lachse besser sichtbar wurde. An Stellen, die zum Harpunieren günstig waren, errich-

teten die Indianer steile Holzwände, an anderen Stellen wurden Dämme gebaut. Der Fischfang dauerte den ganzen Sommer über bis zum Ende der Laichzeit.

Wenn der Herbst kam, kehrten die Stämme wieder in ihre Winterquartiere zurück, wo sie in halbversenkten Erdhäusern lebten, die etwa zehn Zentimeter dick mit Gras und Erdreich gedeckt waren, um die schlimmste Kälte abzuhalten. Die Nahrungsvorräte und das Feuerholz wurden sorgfältig gelagert. Während des Winters entfernten sich die Ureinwohner kaum von ihrem Lager. Die Frauen flochten Körbe und nähten Kleidung, die Männer spielten und gingen auf kurze Jagdausflüge. Die Wintersonnenwende wurde mit Tänzen gefeiert, um die Mächte der Natur günstig zu stimmen, damit alle zuversichtlich auf die Rückkehr des Frühlings warten konnten.

Verschiedene Lachsarten leben in den Flüssen der Pazifikküste. Der Quinnat-Lachs (Oncorhynchus tschawytscha) gehört zu den am weitest verbreiteten. Zusammen mit dem Blaurückenlachs (Oncorhynchus nerka) und dem Kisutsch-Lachs (Oncorhynchus kisutsch) gehört er zu den Arten, die am häufigsten gefangen werden.

DIE SPOKAN

• Könnte »Sonnenvolk« bedeuten.

• Sprache: Salisch

• Sie lebten im Osten des Staates Washington.

• Fischfang, Jagd, besonders auf Bisons.

• Widerstanden zwei Jahre lang der U.S.-Armee, bis zum Vertrag von Fort Elliot 1855, der ihre Zwangsumsiedlung in die Reservation besiegelte.

• Ihre Nachkommen leben in Reservationen in Montana und in Washington. Um 1780 gab es etwa 2 000, 1937 lebten noch ca. 850.

Nach Paul Kane, 1847.

Nach James Teit, 1900.

DIE NTLAKYAPAMUK (THOMPSON)

• Sie selbst nannten sich »Ntlakyapamuk«. Den Namen Thompson bekamen sie von den Weißen nach dem Thompson-Fluß.

• Sprache: Salisch

• Sie lebten im heutigen Staat British-Columbia, Kanada. Im Winter in halb unterirdisch angelegten und mit Erde bedeckten Unterständen, im Sommer in Stangengerüsten, die mit Matten bedeckt waren.

• Fischfang und Jagd (Karibu, Damhirsch, Elch)

• 1858 drangen Goldsucher in ihr Gebiet ein und brachten Krankheiten wie Pocken mit, die den Stamm stark dezimierten.

• Um 1780 gab es ca. 5 000, 1906 nur noch 1 776.

Nach einer Photographie,
Ende des 19. Jhs.

Durch die letzte Eiszeit war das Urpferd auf dem amerikanischen Kontinent ausgestorben. Erst mit den Schiffen der europäischen Eroberer kam es wieder. Die Indianer hielten zunächst den Reiter und sein Tier für ein einziges Lebewesen. Aber die Furcht vor den fremden Wesen verschwand rasch, statt dessen siegte die Neugier. Während die Spanier 1680 mit den Pueblo-Indianer kämpften, entkam eine große Anzahl von Pferden und flüchtete bis nach Neu-Mexiko, wo sie gute Bedingungen vorfanden und sich rasch vermehrten. Im Verlauf des 18. Jhs. beschafften sich nach und nach durch Tauschhandel oder Diebstahl alle Stämme Pferde, wie die Dineh, Inde, Nu-Chi, später die Niukonskah, Nadi-ischa-Dena, Dsitsita, Inuna-Ina, danach schließlich die Larapihu, Absaroke, Schoschonen, Lakota, Numakaki, und schließlich die Ijiniwok, Anischinabe, Siksika und Nimipu und vor allem die Ne-me-ne, die zu einem der gefürchtetsten Reiterstämme wurden. Mit der Verbreitung des »heiligen Hundes«, wie die Ureinwohner das Pferd nannten, veränderte sich ihre Lebensweise sehr. Nun hatten sie ein Reittier, mit dem sich große Entfernungen überbrücken ließen und das auf dem Travois, einer Art Stangenschlitten, schwere Lasten ziehen konnte. Während der Ausbreitung der Pferde nach Norden im 17. Jh. veränderte sich auch die Rasse: die Abkömmlinge der edlen Araber und Andalusier sahen sich mit kalten Wintern und Feinden wie Wölfen konfrontiert. Also konnten nur die widerstandsfähigsten überleben. Die Nachkommen der spanischen Pferde waren etwas kleiner und stämmiger und wurden Mustangs genannt (vom spanischen »Mestengo« = verirrt). Um 1800 lebten etwa 2 000 000 Tiere in wilden Herden.

Um diese Zeit gelangte das Pferd auch in die Hochebene. In den Tälern des Columbia-River fand es ideale Lebensbedingungen vor und vermehrte sich rasch. Die Waptailmin kontrollierten riesige Pferdeherden, die Nimipu waren berühmt für ihre Züchtungen und Dressuren. Die Cayuse (nach denen die Weißen später indianische Pferde benannten) sorgten für die Verbreitung ihrer Züchtungen, unter denen sich auch die berühmten »Appaloosa« befanden, die alle Stämme entlang des Palouse-Flusses besaßen.

Die Walla-Walla

- Ihr Name bedeutet »Kleiner Fluß«.
- Sprache: Schahapti-Penuti
- Sie lebten am Unterlauf des Walla-Walla, im Süden des heutigen Staates Washington und im Nordwesten von Oregon.
- Fischfang.
- Sie nahmen von 1853 bis 1858 an dem Krieg aller Stämme der Hochebene gegen die Weißen teil.
- Die Nachkommen leben heute in der Reservation von Umatilla (Oregon). Um 1780 wurden sie auf 1 500 geschätzt, 1937 waren es 631.

DIE PALUSE

- Bedeutung des Namens unbekannt.
- Sprache: Schahapti-Penuti
- Sie lebten zwischen den heutigen Staaten Washington und Idaho.
- Bisonjagd, Verbündete der Nimipu.
- Von 1848 bis 1858 leisteten sie zusammen mit ihren Verbündeten den weißen Eindringlingen Widerstand. Obwohl der Vertrag von 1858 auch für sie galt, weigerten sie sich, in eine Reservation zu ziehen.
- Um 1805 gab es etwa 1 600, 1919 noch 82.

DIE WAILATPU (CAYUSE)

- Bedeutung des Namens unbekannt.
- Sprache: Schahápti
- Sie lebten im Osten von Oregon.
- Bisonjagd.
- Leisteten von 1847 bis 1849 erbitterten Widerstand gegen die Weißen. Kriegsverluste und die von Weißen eingeschleppten Schwarzen Blattern rotteten ihren Stamm fast vollständig aus.
- 1937 lebten in einer Reservation in Oregon noch etwa 370.

Nach einer Photographie, Ende des 19. Jhs.

Nach einer Photographie, Ende des 19. Jhs.

DIE WAPTAILMIN (YAKIMA)

- Sie selbst nannten sich »Volk vom engen Fluß«. Die benachbarten Stämme nannten sie »Yakime« = »Flüchtlinge«.
- Sprache: Schahapti-Penuti
- Sie lebten im heutigen Staat Washington, nicht weit von der Stadt Seattle.
- Fischfang, Jagd, auch Bisonjagd.
- Wie ihre Nachbarstämme kämpften sie gegen die weißen Eindringlinge, von 1853 bis 1859 unter ihrem Häuptling Kamaikin. Als sie besiegt wurden, akzeptierten sie gezwungenermaßen den Vertrag von Fort Elliot und zogen in die Reservation in Washington.
- Um 1780 gab es etwa 3 000. Heute gibt es keine direkten Nachfahren mehr, da sie in die anderen Stämme in der Reservation – Klikita, Paluse, Wascho – einheirateten.

Nach einer Photographie, Ende des 19. Jhs.

Der Steinadler (Aquila chrysaëtos) *hat Flügel mit einer Spannbreite bis zu 2,40 m. Er lebt im Hochgebirge und sucht die Schluchten nach Kleinwild ab. Doch er frißt auch Aas.*

DIE SALISCH UND DIE NIMIPU

Nach George Catlin, 1832.

Die Weißen drangen erst spät in die Hochebene ein, doch schon seit dem Ende des 18. Jhs. war ihre Anwesenheit durch Gegenstände bekannt, die unter den Stämmen im Columbia-Tal getauscht wurden. Die Seuchen, die die Europäer einschleppten, forderten schon bald erste Opfer. 1782 wurde der Stamm der Sanpoil von Pocken zur Hälfte ausgelöscht. Angesteckt hatten sie sich durch Handelsgut, das infiziert von der Küste her zu ihnen gebracht worden war. Grippe, Röteln und Cholera rafften ebenfalls ganze Familien hinweg.

1805 führten Lewis und Clark die erste Expedition an, die den nordamerikanischen Kontinent von Ost nach West durchquerte. Dieses waghalsige Unternehmen wäre nicht gelungen, wenn sie nicht in der Schoschonin Sacajawea (»Vogelmädchen«) eine Anführerin gefunden hätten, deren Heilkünste und Verständigungsmöglichkeiten mit den Stämmen unterwegs den Expeditionsteilnehmern immer wieder das Leben retteten. Diese Expedition traf auch auf die Nimipu und die anderen größeren Stämme in der Hochebene. Bei ihrer Rückkehr genoß die Expedition abermals die Gastfreundschaft der dort ansässigen Stämme, und es entwickelten sich enge Handelsbeziehungen.

Um die Mitte des 19. Jhs. hörten viele Siedler Gerüchte von einem fruchtbaren Land im Westen und folgten dem »Oregon-Trail«, der am Missouri begann und über die Rocky Mountains bis an die Pazifikküste führte. Die dort lebenden Indianer hielt man für lästige Störenfriede. Die amerikanische Regierung enteignete die westlichen Stämme Stück für Stück ihres Landes. Der Vertrag von 1855 ließ den Nimipu nur noch ein Achtel ihres früheren Gebiets. Doch 1860 wurde dort Gold gefunden, und der daraufhin einsetzende Ansturm veranlaßte die Regierung, die Nimipu mit Gewalt umzusiedeln. 1877 beschlossen die Nimipu nach langen fruchtlosen Verhandlungen, gegen die amerikanische Ausrottungspolitik zu kämpfen und fügten unter ihrem »Häuptling Joseph«, eigentlich Hinmaton Yalatkit (»Rollender Donner in den Bergen«), der amerikanischen Armee eine schwere Schlappe zu. Doch die anschließende verzweifelte Flucht nach Kanada endete 54 km vor der Grenze, nur 418 Menschen überlebten, darunter 87 Krieger. Als die Überlebenden nach Oklahoma zwangsdeportiert wurden, starben 103 an Malaria. 1885 wurde ihnen die Rückkehr in den Nordwesten erlaubt, doch da lebten nur noch 257 von Josephs Stammesgefährten. Noch zehn Jahre zuvor waren es 3300 gewesen.

Hinmaton Yalatkit (»Rollender Donner in den Bergen«, 1840–1904) wurde von dem Missionar Spalding »Häuptling Joseph« genannt. Seine edle Haltung, Klugheit und Mut, mit denen er die Nimipu in ihren letzten Kampf führte, trugen ihm den Respekt selbst seiner Gegner ein.

DIE NIMIPU (NEZ-PERCÉ)

• Sie nannten sich selbst »Nimipu« = »Volk« oder »Chopunnisch« = »Volk der Berge«. Die Franzosen gaben ihnen den Namen »Nez-Percé« = »durchbohrte Nasen«, weil manche von ihnen sich die Nase mit Muschelringen schmückten.

• Sprache: Schahapti-Penuti

• Sie lebten im heutigen Staat Idaho und im Nordwesten von Oregon in den Tälern des Snake- und des Clearwater-Flusses.

• Bisonjagd und das Ausgraben der süßen Camas-Knollen.

• Obwohl sie als friedliebendes Volk bekannt waren, kämpften sie zwischen 1830 und 1840 gegen die weißen Trapper. Im Vertrag von Walla-Walla verloren sie einen Großteil ihres Landes, der verbliebene Rest wurde ihnen 1860 von Goldsuchern streitig gemacht. Als Folge des Vertrags von 1863 blieb ihnen nur noch der Rückzug in die Reservation der Lapwai. Als die Regierung 1877 beschloß, das Tal der Wallowa zur Besiedlung freizugeben, brach ein Aufstand los, und 1887 erfolgte die tragische Flucht unter Häuptling Joseph.

• Um 1780 werden sie auf etwa 4000 geschätzt, um 1989 lebten 2015 Nimipu in der Reservation in Lapwai.

Für die Indianer war der Schwarzbär (Ursus americanus) ein besonderes Tier. Sein Fell war sehr begehrt, und aus seinem Fett wurde ein Talg hergestellt, mit dem die Indianer ihre Haut gegen Kälte schützten. Der Jäger entschuldigte sich bei dem erlegten Bären und versuchte, den Geist des Bären versöhnlich zu stimmen. Die Indianer jagten nur das, was sie zur Nahrung brauchten, Jagen als Sport war ihnen unbekannt.

DIE KUTENAI

- Verballhornung ihres Namens »Kutonaga«, den sie von den Siksika, ihren Feinden, erhalten hatten. Die Nimipu und die Salisch nannten sie »Wassermenschen«.
- Sprache: eigene Sprache
- Sie lebten im heutigen Grenzgebiet von Kanada und den USA.
- Bisonjagd, Fischfang mit Rindenbooten.
- Sie hatten erst sehr spät Kontakt zu den Weißen. Sie wurden von den Siksika nach Westen abgedrängt.
- 1780 wurden sie auf etwa 1 200 geschätzt. Heute leben sie z. T. in einer Reservation in Kanada und in Idaho.

Nach James Teit, Ende des 19. Jhs.

Nach einer Photographie von 1884.

DIE SALISCH

- Die Bedeutung ihres Namens ist »Vergessenes Volk«. Die Weißen nannten sie »Flatheads« = »Flachköpfe«, doch im Gegensatz zu dem gleichnamigen Stamm im Südosten flachten sie die Köpfe ihrer Säuglinge nicht durch harte Bandagen ab.
- Sprache: Salisch
- Sie lebten im Westen von Montana.
- Jagd auf Damhirsche und Büffel.
- Bei den Salisch gab es oft weibliche Häuptlinge. Wenn eine Frau Schamanin wurde, konnte sie hohe Privilegien erwerben.
- Sie wurden schon um 1830 von Jesuiten zum Christentum bekehrt. 1858 beteiligten sie sich z. T. am Aufstand der Waptailmin und Spokan, der 1859 mit einem akzeptablen Frieden endete. Deshalb blieben sie in den Vernichtungskriegen der Weißen gegen die Lakota und Nimipu neutral.
- Um 1900 lebten noch ca. 600.

Das Dickhornschaf (Ovis canadensis) in den Rocky Mountains kann sehr gut klettern und schwimmen. Im Sommer bestehen die Rudel aus mehr als zehn Mutterschafen und Lämmern. Im Winter steigen sie mit den Widdern in die Täler hinab. Dann muß sich die Herde gegen ihre Feinde wie Wölfe, Kojoten, Bären und Luchse verteidigen.

DIE NORDWESTKÜSTE

DIE ORCAMENSCHEN

Das Gebiet der Nordwestküste erstreckt sich ungefähr 2 300 km von Norden nach Süden und etwa 200 km ins Landesinnere; von der Yakutat-Bucht in Alaska bis zur heutigen Grenze der Staaten Oregon und Kalifornien. Das ist weniger als etwa die Große Ebene oder die Subarktis, nur winzig im Vergleich mit dem ganzen nordamerikanischen Kontinent, doch dieses Gebiet ist, was die Urbevölkerung betrifft, noch heute eins der geheimnisvollsten.

Wahrscheinlich sind andere Völker dieser Küstenregion, wie die der Salisch-Penuti-Sprachfamilie, den gleichen Wanderpfaden gefolgt wie die Indianerstämme vor ihnen, die quer durch das nördliche Kanada durch die Täler der Flüsse bis zu deren Mündungen in den Pazifik zogen. Doch woher kamen die, die eine Sprache sprechen, die sonst niemand spricht, und die eine ebenso einzigartige Kultur entwickelt haben? Eine logische Annahme wäre eine Wanderung von seefahrenden Stämmen, die aus dem Norden von den Küsten Alaskas herkamen oder vielleicht von Japan oder Kamtschatka über die Kurilen und die Aleuten, immer mit der Strömung, die von dort an die amerikanische Küste trifft. Bis zum heutigen Tag wird diese These durch keinerlei Beweise untermauert. Funde sind äußerst spärlich, da alle Waffen oder Werkzeuge der Ureinwohner aus Holz waren, und Holzgegenstände in der feuchten Erde nicht erhalten blieben. Das einzig Sichere sind die Spuren von Menschen, die viel früher, nämlich bereits 10 000 Jahre v. u. Z, an dieser Küste lebten.

Regelmäßig wiederkehrende Nahrungsschwemmen und begrenzter Siedlungsraum ließen Herrscherdynastien entstehen. Ihre Gemeinschaften waren streng hierarchisch strukturiert. Der gesellschaftliche Rang wurde durch Geburt oder den Besitz von Reichtümern bestimmt. Reichtum galt als ein Beweis für die geleistete Arbeit, für besondere Fähigkeiten oder für kriegerische Erfolge. Wer Reichtümer besaß, war verpflichtet, sie zurückzugeben. Eine solche Geschenkeverteilung fand

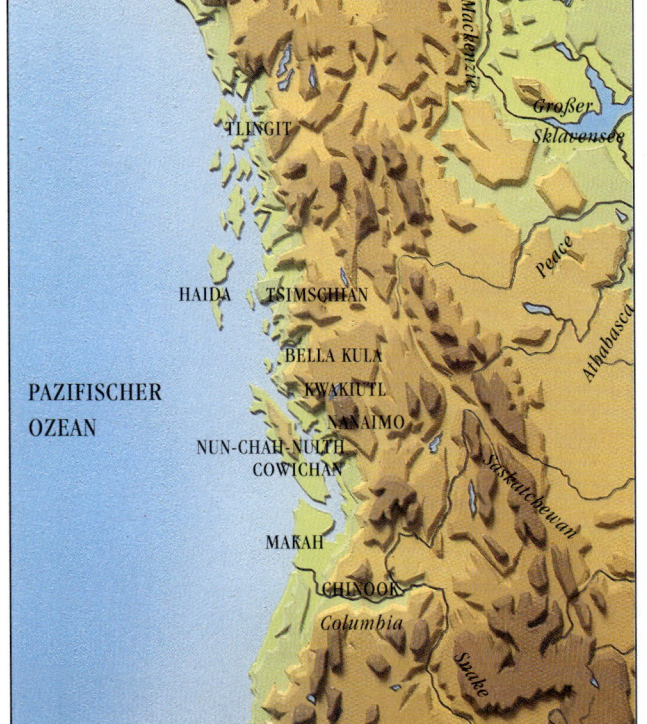

bei der »Potlatsch«-Zeremonie statt. Jedes wichtige Ereignis konnte der Grund sein für einen Potlatsch: wenn man in eine neue Wohnung einzog, eine besondere Würde oder ein Amt erlangte oder das Recht, den Namen eines verstorbenen Verwandten zu übernehmen oder bestimmte Privilegien auf die Nachkommen übertragen wollte. Zu einem Potlatsch gehörten Reden, Gesänge, Tänze und Vorführen von Kunstwerken sowie Geschenke, durch die das Ereignis bekräftigt und das Einverständnis der Beschenkten gesichert werden sollte. Ein Potlatsch hatte somit eine soziale, kulturelle, politische, spirituelle und ökonomische Bedeutung.

Eine solche Zeremonie erforderte monatelange Vorbereitungen von seiten der Veranstalter, ihrer Verwandten und der Sklaven, die später selbst als Geschenk an die Gäste weitergegeben werden konnten. Je mehr einer weggeben konnte, ohne sich zu ruinieren, desto höher stieg er im Ansehen. Auf diese Weise forderten sich die Ranghöheren ständig gegenseitig heraus, manche stürzten sich dafür auch in große Schulden.

Der Orca (Orcinus orca) *oder Schwertwal wird fälschlicherweise auch Mörderwal genannt. Er kann bis zu 9 m lang werden und Unmengen an Futter verschlingen: Fische, Tintenfische, Schildkröten und Meeresvögel sind seine übliche Nahrung. Die Ureinwohner an der Pazifikküste bildeten ihn oft an ihren Totempfählen ab.*

DIE THUYAHOLZ-SCHNITZER

*Die Haida bauten ihre Kanus aus Thuya-Holz (Rotzedern).
Die seetüchtigen Boote waren bis zu 18 m lang. Mehr als
50 Menschen fanden in einem Kanu Platz.*

Nach einem Stich, Anfang des 19. Jhs.

DIE HAIDA

- Der Name kommt von »Cha`ida« = »Volk«.
- Sprache: eigene Sprache
- Sie lebten auf den Prinz-de-Galles- und den Reine-Charlotte-Inseln.
- Fischfang. Bemerkenswerte Holzschnitzarbeiten, Händler und Krieger. Große seetüchtige Zedernboote bewahrten sie vor Isolation. Die hochaufragenden Bugs und hohen Hecks ihrer reichverzierten Boote machten die Schiffe hochseetauglich.
- Die Haida wurden durch die Pocken stark dezimiert.
- 1760 wurden sie auf etwa 8 000 geschätzt, 1968 waren es noch 1 500.

*Der Totempfahl wurde meist aus Thuyaholz geschnitzt. »Totem« kommt
von dem Algonkin-Wort »Ototeman« = »stammt von meinen Vorfahren«.
Die Schnitzereien an diesen Pfählen erzählen die Geschichte einer Familie
oder einer Sippe und zeigen das Schutztier, das zu ihnen gehört.*

Bis zu dem nördlichen Breitengrad, der durch die Insel Vancouver führt, reichen die letzten Ausläufer der Rocky Mountains. Früher bedeckten dichte Wälder das übrige Land bis zur Küste, wo die Ureinwohner ihre Dörfer gebaut hatten. Sie betrieben keine Feldwirtschaft, denn das Meer war ihre wichtigste Hauptnahrungsquelle, und aus den umliegenden Wäldern bekamen sie allen Baustoff und das notwendige Material für ihre handwerklichen Erzeugnisse.

Im Lauf des Frühlings begann die Fischereisaison und endete im September. Das Meer war reich an Fischen wie Hering, Thunfisch, Stint und zahlreichen Säugetieren wie Seehunde, Seeotter, Seelöwen, Delphine. Ein gestrandeter Wal war ein unerwarteter Glücksfall, denn die Nootka und Makah wagten sich selten zur Jagd hinaus aufs Meer. Am Meeresufer gab es reiche Ernte bei den Schalentieren und den Eiern der Meeresvögel.

Am Ende des Frühlings waren die Flüsse voll von Lachsen, die stromaufwärts zu ihren Laichplätzen wanderten. Dieser Fischfang war für die Menschen sehr wichtig: lange vorher verließen sie ihre Dörfer und warteten an den Flußufern. Wie die Nachbarvölker in der Hochebene und die Aleuten in Alaska kannten auch die Küstenindianer viele Fangmethoden: Harpunen, Reusen, Staudämme. Der erste Fang wurde mit einer besonderen Zeremonie gefeiert, denn viele Stämme glaubten, daß ihre Toten als Lachse wiedergeboren würden, um die Lebenden zu ernähren, und mit diesen Zeremonien wollte man ihre Wiederkehr im nächsten Jahr begünstigen. Die Frauen nahmen die gefangenen Fische aus und trockneten sie auf Gestellen. Im Herbst fing man nur noch Kabeljau und Heilbutt. Dann begann auch im Wald die Jagd, wo trotz des unwegsamen Terrains meist reiche Beute gemacht wurde: Bergziegen, Hirsche, Elche, Bären und viele Arten von kleinen Pelztieren.

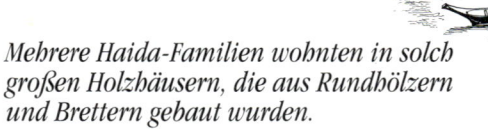

*Mehrere Haida-Familien wohnten in solch
großen Holzhäusern, die aus Rundhölzern
und Brettern gebaut wurden.*

DIE TSIMSCHIAN

• Der Name bedeutet »das Volk vom Skeena-Fluß«.

• Sprache: Penuti

• Sie lebten am Skeena-Fluß in British-Columbia (Kanada).

• Fischfang, Jagd. Geschickte Holzschnitzer, auch von Knochen und Elfenbein. die Frauen fertigten ein einzigartiges Gewand: die Chilkat-Robe aus gesponnenem Zedernbast und Ziegenwolle, die mit Fransen reich verziert war. Sie waren matrilinear organisiert, die Erziehung der Jungen war meist die Aufgabe des Onkels mütterlicherseits.

• Bis zur Ankunft der Hudson-Bay-Company 1831 hatten die Tsimschian kaum Kontakt mit Weißen. Sie wurden von den Goldsuchern überrannt und stark dezimiert.

• Um 1900 lebten ca. 5 000, 1968 noch 1 700.

Nach einer Photographie, Ende des 19. Jhs.

Diese Steinaxt wurde von den Kwakiutl als Waffe benutzt. Damit wurden auch aufrührerische Sklaven getötet.

Ein maskierter Hamatsa-Tänzer

Hamatsa-Tänzer der Kwakiutl, Ende des 19. Jhs.

DIE KWAKIUTL

• Der Name bedeutet »Nordufer«.

• Sprache: Wakasch

• Sie lebten an den Ufern der Meerenge zwischen der Insel Reine-Charlotte und dem Norden der Insel Vancouver.

• Fischfang und Jagd, berühmte Seefahrer, geschickte Schnitzer und Kaufleute. Ihre Frauen waren erfindungsreiche Köchinnen, eine von ihnen konnte mehr als 150 Rezepte auswendig.

• Nach 1775 hatten sie Kontakt mit englischen und amerikanischen Händlern, widerstanden den Bekehrungsversuchen der Missionare und hielten an ihrer Kultur fest.

• Um 1780 wurden sie auf etwa 4 500 geschätzt, 1968 waren es etwa 2 500.

Nach Michail Tikanow, 1818.

DIE TLINGIT

• Der Name kommt von »Lingit« = »Volk«.

• Sprache: eigene Sprache

• Sie lebten auf den Inseln des Alexander-Archipels, am äußersten südwestlichen Ende des heutigen Staates Alaska in Häusern aus Holzbohlen für jeweils 2 bis 8 Familien.

• Fischfang (Lachs), Schnitzer und Korbflechter. Händler und Krieger.

• Sie hatten die ersten Kontakte mit Russen, die sich 1741 auf der Insel Baranow niederließen. Später verkauften die Russen Alaska und auch das Land der Tlingit an die USA. Bei allen Kriegsunternehmungen wurden ihre riesigen Boote von alten Frauen gesteuert.

• Um 1750 wurden sie auf etwa 10 000 geschätzt, 1985 waren es ca. 8 500.

Korbflecht-arbeiten der Tlingit

Nach Michail Tikanow, 1818.

Von Herbst bis Frühling widmeten sich die Ureinwohner der Nordwestküste den Vorbereitungen von Potlatschs, dem Kunsthandwerk, kriegerischen Aktivitäten oder dem Handel. Außer dem Tauschhandel mit benachbarten Stämmen gab es auch noch eine rege Handelsbeziehung mit den Stämmen im Landesinnern. Die Camook im Süden reisten den Columbia hinauf zu den Stämmen der Hochebene, aber die wichtigsten Produkte der Küste gingen an die Tlingit. Dieses kriegerische und unternehmungslustige Volk hatte, was den Handel in dieser Region anging, eine Art Monopolstellung. Da sie am weitesten im Norden lebten, ging der gesamte Handel mit den Stämmen in Alaska und den Athapasken im Osten über ihr Territorium. Die begehrtesten Handelswaren der Küste waren Muscheln, Knochen und Lebertran, die gegen Karibufelle und Kupfer getauscht wurden.

Wie die meisten anderen Stämme hier waren die Tlingit matrilinear organisiert – das heißt, daß dem Anführer nicht sein Sohn, sondern meist der seiner Schwester folgte, und daß die Erziehung der Jungen oft die Aufgabe der Onkel mütterlicherseits war. Dessen eigene Kinder wiederum unterstanden der Autorität des Bruders seiner Frau. Das Wissen wurde mündlich weitergegeben, und so lernten die Kinder von den Älteren die Geschichte der Sippe und des Stammes durch Märchen, Mythen und Gesänge. Den jungen Männern und Frauen waren voreheliche Beziehungen untersagt. Die Mädchen wurden in strengen Ritualen auf ihr Erwachsenenleben vorbereitet. Die angehende junge Frau mußte mehrere Monate in einer abgeschiedenen Hütte verbringen. Sie trug besondere Kleidung aus Bast, und ihr war die Berührung der Haare streng verboten. Danach wurden alle Kleidungstücke verbrannt. Eine Tlingit-Frau durfte mit zwei Männern leben.

Man heiratete möglichst nicht unter seinem gesellschaftlichen Rang. Die Heiratszeremonie bestand hauptsächlich in der Übergabe der Geschenke.

Walfang

Nach John Webber, 1778.

DIE NUN-CHAH-NULTH (NOOTKA)

- Bedeutung des Namens unbekannt. Den Namen „Nootka" gab ihnen Captain Cook.
- Sprache: Wakasch
- Sie lebten an der Westküste der Insel Vancouver.
- Jagd auf große Meeressäuger (Wal, Robbe, Delphin). Besaßen das Monopol für die Dentaliumschnecken, die als Schmuck für Tragriemen und Halsketten sehr begehrt waren und die sie in flachen Gewässern mit einem Spezialstab ernteten.
- Mit der Gründung des kanadischen Staates Victoria endete ihre Unabhängigkeit.
- 1967 lebten noch ca. 3 200.

DIE MAKAH

- Der Name bedeutet »Volk vom Kap«.
- Sprache: Wakasch
- Sie lebten auf dem Kap Flattery an der heutigen amerikanisch-kanadischen Grenze, gegenüber der Insel Vancouver.
- Fischfang, Sammeln von Muscheln und Schnecken, Jagd (Wal, Seehund).
- Wurden 1855 gezwungen, ihr Land an die Vereinigten Staaten abzutreten und erhielten 1893 eine kleine Reservation.
- 1780 wurden sie auf 2 000 geschätzt. Heute leben etwa 1 000 in Neah Bay.

Nach José Cardero, 1791.

In den Rocky Mountains von Alaska bis Wyoming lebt der Grizzlybär (Ursus horribilis). Hoch aufgerichtet kann er mehr als 2 m erreichen. Dieser Allesfresser ernährt sich von Pflanzen, Früchten, Pilzen, Insekten, verschiedenen Säugetieren und auch Aas. Mit großer Geschicklichkeit fängt er Lachs. Dieses mächtige Raubtier spielt in den Sagen und Märchen der amerikanischen Ureinwohner eine wichtige Rolle.

ERFOLGREICHER TAUSCHHANDEL

DIE CHINOOK

- Kommt von »Tsinuk«, dem Namen, den ihnen ihre Nachbarn, die Tschehali gaben. Sie wurden von den Weißen wie die Salisch »Flatheads« = »Flachköpfe« genannt, obwohl sie die Schädel ihrer Säuglinge nicht durch harte Bandagen verformten wie der gleichnamige Stamm im Südosten.
- Sprache: Chinook
- Sie lebten nördlich der Mündung des Columbia-Flusses, in der Nähe der heutigen Stadt Seattle.
- Fischfang. Sie organisierten den Handel unter den Stämmen, dann auch zwischen den Weißen und den Ureinwohnern. Deshalb wurde ihre Sprache die inoffizielle Handelssprache.
- 1829 starben viele Chinook an einer Pockenepidemie. Die Überlebenden heirateten in die anderen Stämme ein, wie z. B. die Chehali.

Nach einem anonymen Stich, um 1880.

Die Ureinwohner der Nordwestküste sammelten Reichtümer an, um anderen (und sich selbst) ihre Größe zu beweisen, gleichzeitig aber auch, um die übernatürlichen Mächte versöhnlich zu stimmen. Die Mittler zwischen den Menschen und diesen Mächten waren die Schamanen. Schamane konnte ein Mann oder eine Frau sein, und er oder sie hatte ebensoviel Macht wie der Häuptling. Aufgrund ihres furchterregenden Auftretens und ihrer Fähigkeiten, wie Weissagung, Heilkunst, die man ihnen zusprach, begegnete man ihnen mit großem Respekt.

Im Norden vollführten die Schamanen ihre Riten nur in der Gegenwart derer, die sie um Hilfe gebeten hatten. Es handelte sich um eine vertrauliche, sehr persönliche Vermittlung, bei der kein anderer anwesend sein durfte. Bei den Kwakiutl im Süden bildeten die Schamanen einflußreiche Geheimbünde (wie »Hundeesser«, »Herabsteiger vom Himmel« und den berühmten Geheimbund der Hamatsa »Menschenfressertänzer«). Ihre Mitglieder stammten durchweg aus den reichsten Sippen des Stammes, die ihrerseits die Schamanen für ihre Dienste gut bezahlten. Die Aufnahmezeremonien waren sehr eindrucksvoll, denn sie zielten auf Einschüchterung der Neulinge ab und sollten gleichzeitig die Macht einer Elite (der Schamanen und der Geheimbundmitglieder) gegenüber den anderen Stammesmitgliedern hervorheben helfen. Die Ureinwohner der Nordwestküste hatten erst spät Kontakt zu der Welt der Weißen. Als erste kamen 1741 die Russen mit zwei Schiffen auf ihrer Bering-Expedition. Als ein Sturm die Schiffe trennte, landete das eine an einer unbekannten Küste, der Insel Chickagof. Die Russen stießen dort auf Spuren menschlichen Lebens und meinten, Kanus mit Kriegern gesehen zu haben. Einige Matrosen wurden zu einem Erkundungsgang geschickt und nie wieder gesehen.

1773 hörte Karl III. von Spanien von diesem Mißerfolg der Russen und entsandte eine Flotille, um alles Land südlich des 60 Breitengrads in Besitz zu nehmen. Als die Spanier an der Königin-Charlotte-Insel landeten, trafen sie auf Haida, die die Europäer mit ihren kaufmännischen Fähigkeiten verblüfften. 1778 begegnete James Cook auf seiner dritten Pazifikreise den Nun-chah-Nulth auf der Insel Vancouver. Die Indianer wollten Werkzeuge aus Eisen, die Europäer Pelze. Der Tauschhandel hätte zu beiderseitigem Vorteil durchgeführt werden können, wenn nicht einige Europäer durch ihre Habgier die Empfindungen der Indianer verletzt hätten. In den folgenden Jahren verschlechterten sich die Beziehungen immer mehr. Als 1786 der französische Kapitän La Pérouse die Küste der Tlingit erforschte, berichtete er von der Angriffslust der Indianer, die nur durch die Feuerwaffen der Weißen im Zaum gehalten werden konnte. Wieder einmal war trotz großem Interesse am besseren gegenseitigen Kennenlernen eine Verständigung zwischen den beiden Welten durch den Hochmut und die Gier der Europäer gescheitert.

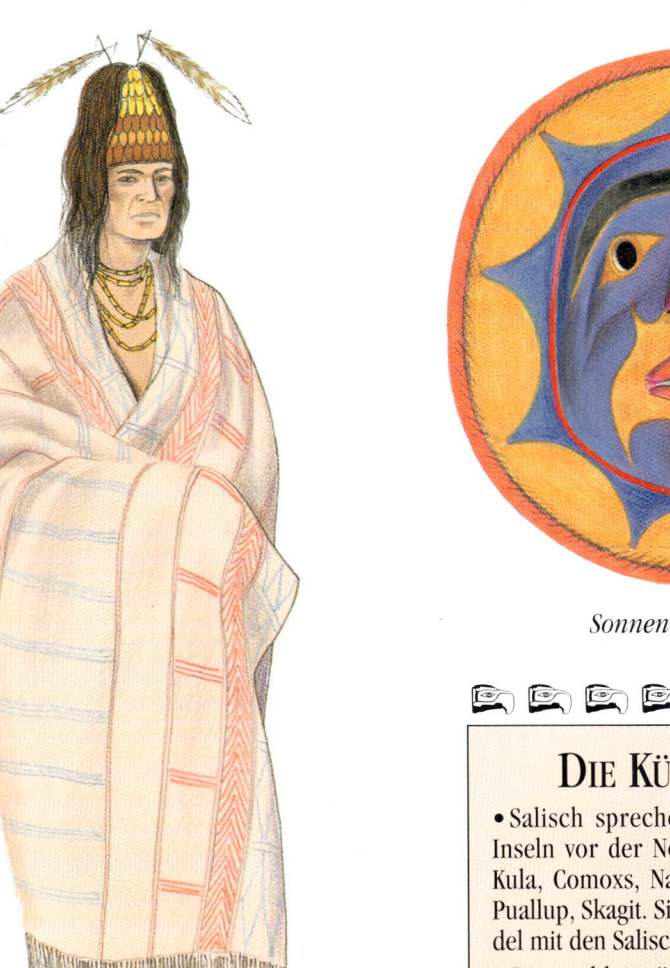

Sonnenmaske der Bella Kula

DIE KÜSTEN-SALISCH

• Salisch sprechene Stämme, die auf den Inseln vor der Nordwestküste lebten: Bella Kula, Comoxs, Nanaimo, Klallam, Nisqualli, Puallup, Skagit. Sie trieben regen Tauschhandel mit den Salisch im Landesinnern.

• Die zahlenmäßig stärksten und einflußreichsten waren die Cowichan, die im Südosten der Insel Vancouver lebten

Der Seeotter (Enhydra lutris) kann blitzschnell schwimmen und dabei 4 bis 5 Minuten unter Wasser bleiben. Er ernährt sich von Schalentieren, Krustentieren, Seeigeln und kleinen Fischen. Er baut sein Schlaflager aus Algen und flüchtet bei Gefahr an Land.

DIE SUBARKTIS

DIE KARIBUMENSCHEN

Die Subarktis umfaßt den größten Teil von Kanada und von Alaska. Dieses riesige Gebiet hat sich seit der Mitte des 19. Jhs. unter dem Druck der Neuzeit zwar auch verändert, aber grundlegende Umwälzungen wie im Osten oder im mittleren Teil der USA haben nicht stattgefunden, wie z. B. die riesige Bevölkerungszuwachsrate, die fortschreitende Industrialisierung, die Abholzung der Wälder. Die Einwanderung der Europäer vollzog sich eher in Richtung Westen und nicht in den Norden der Großen Seen. Dort müssen die Menschen den Großteil des Jahres in den Wäldern und der Tundra der Kälte trotzen. Das Gebiet der Subarktis läßt sich in drei Regionen unterteilen:

1. Das Bergland umschließt Alaska, den Yukon-River und British-Columbia mit dem nördlichen Teil der Rocky Mountains, dem St.Elias-Gebirge und dem Mount Kimberley (6194 m). Bei mächtigen Gletschern entspringen zahlreiche Flüsse, die reich an Lachsen sind. Weiter unten und in der Ebene ist das Land von dichten Wäldern bedeckt, in denen unzählige Tierarten leben: Hirsche (Wapiti, Karibu), Bergziegen, Bären (Grizzly, Schwarzbär).

2. Die Tundra wird im Norden durch das Küstengebiet der Arktis begrenzt und umfaßt den Nordwesten des heutigen Kanada und den Norden von Labrador. Durch hohe Berge vom Pazifik abgeschnitten, ist dieses Gebiet sehr regenarm. Der Winter ist lang und dauert 8 Monate, doch die Schneedecke ist selten höher als 30 cm. Dennoch ist der Boden bis zu einer Tiefe von 300 Metern gefroren (Permafrost). Nach der Schneeschmelze im Frühling blühen Moose und Flechten und locken viele Zugvögel an.

3. Weiter südlich erstreckt sich die Taiga mit ihren Kiefern- und Birkenwäldern vom Atlantik bis zu den Rocky Mountains. Sie umschließt einen Großteil der kanadischen Staaten Québec, Ontario, Manitoba und Alberta. Hier ist das Klima milder, und in den Wäldern leben zahlreiche Tierarten: Biber, Moschusratten, Füchse, Wapitihirsche, Karibus, Wölfe und Schwarzbären.

Trotz ihrer Unterschiede haben diese drei Regionen eines gemeinsam: das extreme Kontinentalklima. Kurze heiße Sommer wechseln mit langen eisigen Wintern von Temperaturen bis zu 30 Grad minus.

Zwei Sprachfamilien der Ureinwohner teilten sich die Subarktik: im Osten die Algonkin (Nanenot, Ne-enoilno, Anischinabe, Ijiniwok), im Westen und Norden die Athapasken (die nördliche Gruppe nannte sich auch »Tinneh« oder »Deneh«) mit den Chippewyan, Tatsanottine, Tlingtschadinne, Beaver, Kaska, Tahlta, Carrier, Kutschin, Tutchoni, Koyukon, Tanana.

Die Athapasken streiften in kleinen Banden von ein oder zwei Familien durch die kältesten und ödesten Regionen der Tundra. Sie waren eher friedliebend und ständig auf Nahrungssuche, denn das Land war karg. Weiter südlich in den Wäldern lebten die Algonkin. Das milde Klima und der Reichtum an Wild verschafften ihnen ein sorgloseres Leben. Sie waren Halbnomaden und reagierten sehr kriegerisch auf Nachbarstämme, die in ihr Jagdgebiet einfielen.

Das europäische oder asiatische Rentier hat einen amerikanischen Bruder: das Karibu (Rangifer tarandus). *Karibus leben in Herden von manchmal mehreren tausend Tieren. Im Winter fressen sie Moose und Flechten, im Sommer ernähren sie sich von Gräsern, Schilf, Pilzen, dünnen Birkenzweigen und Weiden.*

DIE JÄGER AUS DEM HOHEN NORDEN

Für alle diese Stämme war das Karibu mit seinen riesigen Herden die Lebensgrundlage, so wie es der Büffel für die Stämme der Great Plains war. Es lieferte Fleisch, Häute und viele andere unersetzliche Dinge: Knochen, Därme, Sehnen für Waffen und Werkzeuge. Die Wanderungen der Karibuherden bestimmten das Leben der Ureinwohner. Zu Beginn des Sommers zogen die Herden nach Norden, wo die Kühe kalbten; wenn der Winter kam, kehrten sie in die großen Wälder im Süden zurück.

Auf dem Weg vom Sommer- ins Winterlager verweilten die Stämme nie lange an einem Ort. Im Sommer lebten sie in einfachen Tipis, die mit Tierhäuten bedeckt waren und schnell auf- und abgebaut werden konnten. Sobald das Lager fertig war, ging jeder seinen täglichen Aufgaben nach. Die Männer gingen auf die Jagd oder zum Fischen oder bauten ein Kanu; die Frauen kümmerten sich um das Feuer, holten Wasser und bereiteten das Essen vor. Wenn die Jäger mit ihrer Beute zurückkehrten, zerlegten die Frauen die Tiere, trockneten das Fleisch, bearbeiteten Felle und Häute, aus denen sie die Kleidung fertigten. Auf dem Weg von einem Lager zum nächsten mußten sie meist die schwersten Lasten tragen. Für die vielen, teilweise schweren Aufgaben, die sie verrichteten, wurden sie jedoch nie entschädigt. So durften sie zum Beispiel immer erst nach den Männern essen und gingen leer aus, wenn nichts mehr übrig war! Dieser Art der Unterwerfung war bei vielen Stämmen, die unter harten äußeren Bedingungen lebten, nicht selten. Da die Versorgung mit ausreichend Nahrung über das Überleben des Stammes entschied, spielten die Jäger, sprich die Männer, eine dominierende Rolle. Im Winter folgten die Stämme dem jagdbaren Wild und errichteten ihre Lager weiter südlich in den Wäldern.

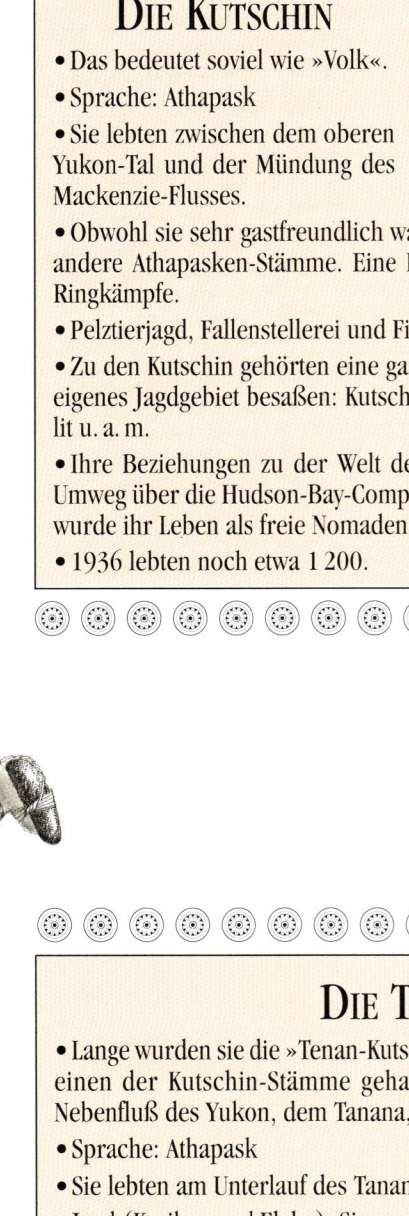

Nach Alexander Murray, 1847.

DIE KUTSCHIN

- Das bedeutet soviel wie »Volk«.
- Sprache: Athapask
- Sie lebten zwischen dem oberen Yukon-Tal und der Mündung des Mackenzie-Flusses.
- Obwohl sie sehr gastfreundlich waren, galten sie als kriegerischer als andere Athapasken-Stämme. Eine Lieblingssportart der Frauen waren Ringkämpfe.
- Pelztierjagd, Fallenstellerei und Fischfang.
- Zu den Kutschin gehörten eine ganze Reihe von Stämmen, die alle ihr eigenes Jagdgebiet besaßen: Kutscha, Dihai, Tennuth, Takkuth und Tatlit u. a. m.
- Ihre Beziehungen zu der Welt der Weißen gestalteten sich auf dem Umweg über die Hudson-Bay-Company. Durch die Goldfunde am Yukon wurde ihr Leben als freie Nomaden zerstört.
- 1936 lebten noch etwa 1 200.

Das Kragenhuhn (Bonasa umbellus) *ist mit dem europäischen Moorhuhn verwandt und lebt in der subarktischen Taiga und Tundra, genau wie das Tannenwaldhuhn* (Canachites canadensis).

Nach Frederick Whymper, 1868.

DIE TANANA

- Lange wurden sie die »Tenan-Kutschin« genannt = »Bergvolk« und für einen der Kutschin-Stämme gehalten. Heute werden sie nach dem Nebenfluß des Yukon, dem Tanana, benannt.
- Sprache: Athapask
- Sie lebten am Unterlauf des Tanana-Flusses im heutigen Alaska.
- Jagd (Karibus und Elche). Sie waren berühmt für ihre reich verzierten Parkas.
- 1910 waren es noch 415. In späteren Schätzungen tauchen sie nicht mehr auf.

Nach Emile Petitot, 1860.

DIE TLINGTSCHADINNE
(DOGRIB = HUNDERIPPE)

- Sie selbst nannten sich »Volk des Hundeschoßes«. Nach einer alten Legende führten sie ihre Abstammung auf die Vereinigung einer Frau mit einem übernatürlichen Wesen – halb Hund, halb Mensch – zurück.
- Sprache: Athapask
- Ihr Jagdgebiet lag zwischen dem Großen Bärensee und dem Großen Sklavensee.
- Jagd (Karibu und Moschusochsen), Pelzhandel. Ihre Männer waren im Gegensatz zu den anderen Ureinwohnern bärtig. Bekannt waren sie für die von den Frauen kunstvoll gearbeiteten Stickereien mit Blumenmotiven.
- Durch die nachdringenden Ijiniwok wurden sie nach Norden gedrängt.
- 1670 wurden sie auf ca. 1 250 geschätzt, 1906 gab es 1 150.

DIE TATSANOTTINE
(YELLOWKNIVES = GELBMESSER)

- Sie nannten sich selbst »Meeresschaummenschen«. Sie sind auch unter »Copper Indians« (= »Kupferindianer«), »Gelbmesser« oder »Rotmesser« bekannt, was auf den Erzabbau am Coppermine River hindeutet.
- Sprache: Athapask
- Sie lebten am Nord- und Ostufer des Großen Sklavensees.
- Jagd (Karibus und Moschusochsen), Kupfergewinnung im Tagebau.
- Die Geschichte der Tatsanottine hängt mit dem Kupfer zusammen, das sie für die Herstellung von Waffen und Werkzeugen verwandten. Das verschaffte ihnen gegenüber den andere Stämmen eine gewisse Überlegenheit. Doch als die Weißen Eisen- und Stahlfabrikate einführten, war ihre Vormachtstellung dahin.
- 1906 wurden sie auf ca. 500 geschätzt.

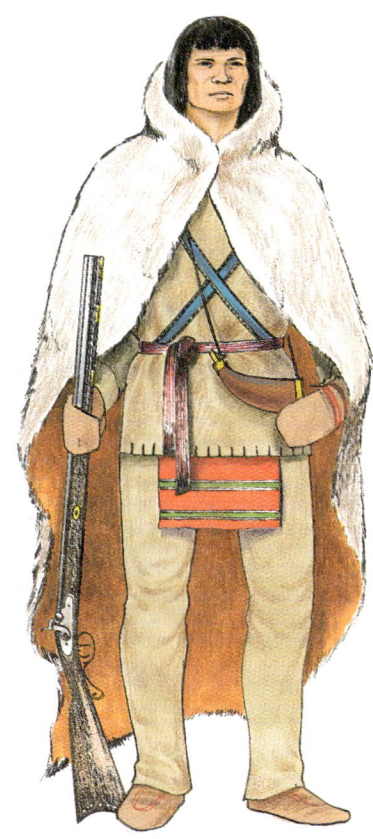

Nach Robert Wood, 1821.

DIE CHIPPEWYAN

- Dies ist eine Zusammenziehung aus dem Algonkin-Ijiniwok Wort »Chipwayanawok« = »Zipfelhäute«, womit ihre Kleidung beschrieben wurde.
- Sprache: Athapask
- Sie lebten zwischen dem Großen Sklavensee im Nordwesten, dem Athabaska-See im Südwesten und der Hudson-Bay im Osten und waren dafür berüchtigt, daß sie ihre Frauen sehr schlecht behandelten. Wenn ein Mann seine Frau prügelte und sie an den Schlägen starb, wurde er nicht bestraft.
- Jagd (Karibus) und Fischfang.
- Als Erzfeinde der Algonkin-Ijiniwok, mußten sie vor diesen nach der Ankunft der Weißen 1717 und dem sich ausbreitenden Pelzhandel immer weiter nach Norden und Osten zurückweichen, bis eine Pockenepidemie 1779 große Teile ihres Volkes dahinraffte.
- Zu Beginn des 18. Jhs. wurden sie auf 3 500 geschätzt, 1970 wurden in ihren Reservationen 4 643 gezählt.

Nach Emile Petitot, 1862.

VON MANITOBA BIS LABRADOR

Nach Peter Rindisbacker, 1821.

⊛ ⊛

DIE IJINIWOK (CREE)

• Sie selbst nannten sich »die ersten Menschen«. Die Weißen nannten sie »Cree«, eine Zusammenziehung der französischen Form »Christinaux« des indianischen »Kenistenoag«. Die Athapasken im Norden nannten sie »Enna« = »Feinde«.

• Sprache: Algonkin

• Sie lebten zwischen den Algonkin und den Athapasken und waren in zwei Gruppen gespalten: einmal die Prärie-Ijiniwok und die Wald-Ijiniwok, die zwischen dem Westufer der St. James Bay und dem Athabaska-See lebten. Eine Gruppe, der die Franzosen den Namen »Têtes de Boule« (= Kugelköpfe) gaben, lebte außerdem in Quebec.

• Jagd, Pelzhandel, Fischfang. Berühmt für ihre Rindenkanus.

• Sie wohnten in kugelförmigen Wigwams, die mit Segeltuch bedeckt waren. Die Frauen hatten das uneingeschränkte Sagen in allem, was das Zelt betraf, und auch über die Verteilung der Jagdbeute.

• 1776 wurden sie auf ca. 15 000 geschätzt, doch Pockenepidemien rafften viele dahin. Die Grippe von 1917 löschte 40% der Ijiniwok und Anischinabe vom Lake Nippon aus, 1927 starben wieder Tausende. Im 19. Jh. ging ihre Zahl auf 2 500 zurück, heute leben etwa 10 000 in Manitoba und 5 000 in den North West Territories.

⊛ ⊛ ⊛ ⊛ ⊛ ⊛ ⊛ ⊛ ⊛ ⊛ ⊛ ⊛ ⊛ ⊛

Nach Peter Rindisbacker, 1821.

Alle Ureinwohner in der Subarktis erwarteten den Frühling wie eine Erlösung. Denn dann konnten sie sich wieder dem Lachsfang widmen, der Jagd auf Moschusratten und der Gewinnung von Ahornsirup. Das Frühjahr war auch die Jahreszeit, in der sich die befreundeten Stämme wiedertrafen und der Tauschhandel blühte. Feuersteine, Pelze, Gegenstände aus Kupfer wie Messer oder Pfeilspitzen, wechselten die Besitzer. Während der folgenden Monate betrieben die Athapasken im Westen intensiven Lachsfang, später folgten sie den Karibuherden, die von Süden nach Norden über die weiten Landstriche zogen. Die Chippewyan-Jäger durchstreiften wieder die Tundra, um die Taille die Geweihe von Karibus gebunden: das Klappern lockte männliche Tiere an, die glaubten, es fände ein Kampf um eine Kuh statt. Die Frauen räucherten das Fleisch und die Fische, und weiter südlich ernteten die Anischinabe den Wildreis an den Ufern der Großen Seen.

Dieser sich ständig wiederholende harmonische Kreislauf wurde durch die Ankunft der Weißen jäh unterbrochen. Französische und englische Trapper waren die ersten, die zu Beginn des 17. Jhs. mit den Ureinwohnern Eisenmesser, Gewehre und Decken gegen Pelze eintauschten. Zweihundert Jahre später kontrollierten die großen Handelsgesellschaften den gesamten Pelzhandel, allen voran die Hudson Bay Company. Bei ihren Handelsposten tauschten die Indianer Gewehre, Pulver, Messer, Äxte und anderes gegen das ein, was den gesamten Pelzhandel versinnbildlicht: gegen Biberfelle.

Im 19. Jh. wurde ein dramatischer Rückgang der Biber festgestellt, da die enormen Profite die weißen Trapper dazu brachten, die Schonzeiten während der Aufzucht und Fortpflanzung zu mißachten, was die meisten Händler billigten. Die Tlingtschadinne und Slave wehrten sich, indem sie Waldbrände legten, um die weißen Trapper zu vertreiben. Als zu Beginn der 40er Jahre der Pelzmarkt zusammenbrach, zogen sich die meisten weißen Trapper und Händler zurück, und der Handel ging wieder zurück an die dort lebenden Stämme. Heute soll keine der kommerziell gejagten Arten mehr vom Aussterben bedroht sein.

Der Wolf (Canis lupus) *war im gesamten Norden des Kontinents verbreitet. Der Wolf lebt in Rudeln von 5 bis manchmal 15 Tieren zusammen, die sowohl bei der Aufzucht von Jungtieren als auch bei der gemeinsamen Jagd einen hohen Grad von sozialem Verhalten zeigen. Obwohl ein Rivale für die athapaskischen Jäger, wurde der Wolf von ihnen nicht gejagt, weil er – vor allem bei den Chippewyan – als Bruder des Menschen galt.*

DIE NANENOT (NASKAPI)

- Sie selbst nannten sich »wahre Menschen«. Der Name »Naskapi« bedeutet »grob, hart, unhöflich« und wurde ihnen von den Ne-enoilno gegeben.
- Sprache: Algonkin
- Sie lebten in der Mitte von Labrador.
- Jagd (Karibus), Pelzhandel.
- Sie waren Verbündete der Ne-enoilno, ihrer Nachbarn. Ihre einzigen Feinde waren die Inuit höher im Norden.
- Einige Hundert leben heute in Quebec.

Um die großen Zugvögel dazu zu bringen, eine Rast einzulegen und sie so vor ihre Pfeile oder in ihre Fallen zu bekommen, fertigten die Indianer Lockpfeifen. Hierzu wurden verschiedene Materialien verwendet, am häufigsten Holz, das am Ufer der Flüsse oder Seen geschnitten wurde.

DIE NE-ENOILNO (MONTAGNAIS)

- Sie selbst nannten sich »Volk ohne Makel«. Der Name »Montagnais« wurde ihnen von den Franzosen gegeben, er bedeutet soviel wie »Bergleute« und bezieht sich auf ihre Heimat.
- Sprache: Algonkin
- Sie lebten im Süden von Labrador.
- Jagd und Fischfang. Sie waren Nomaden und streiften in Banden von 50 bis 100 Menschen durchs Land.
- Zum Großteil zum christlichen Glauben bekehrt, waren sie treue Verbündete der Franzosen im Krieg und im Handel. Die systematische Ausrottung der Pelztiere durch die weißen Händler, Hunger, Krieg und Seuchen führten fast zu ihrem Aussterben.
- Etwa 7 000 Montagnais leben heute in 9 Reservationen in Quebec.

Nach einem Stich, 19. Jh.

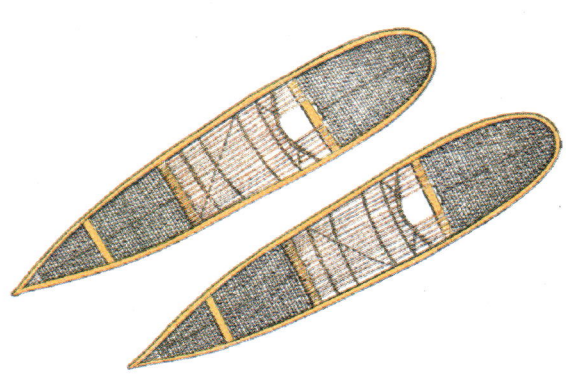

Die Schneeschuhe der Kutschin und ihrer Nachbarn waren sehr schmal und manchmal bis zu 75 cm lang. Damit konnte der Jäger rasch durch den Schnee gehen und war so bei der Verfolgung des Großwilds im Vorteil.

Nach David Pelletier, 1613.

DIE ARKTIS

DIE ROBBENMENSCHEN

Der Weg der Völker von Zentralasien nach Amerika führte über die Beringstraße. Menschen aus dem Nordwesten von Sibirien wanderten langsam nach Osten bis in das heutige Alaska. So kamen die Inuit über das Packeis, oder sie fuhren in Booten entlang der Beringstraße, der sie bis zum äußersten Norden Kanadas und von da bis nach Grönland folgten. Diese Völker waren zweifellos die letzten, die etwa 3 000 Jahre v. u. Z. von Asien nach Amerika einwanderten. Sie sind heute noch sehr eng mit der Kultur und der Sprache ihrer sibirischen Verwandten verbunden. Die Inuit (was in ihrer Sprache »Menschen« bedeutet) wurden von ihren Nachbarn im Süden, den Algonkin-Ijiniwok »Askimon« = »Eskimo« = »Rohfleischesser« genannt, weil sie das Robbenfleisch roh aßen.

Die Welt der Inuit erstreckte sich über mehr als 7 000 km von Westen nach Osten, von den Aleuten-Inseln im Süden bis zur Mündung des Mackenzie-Rivers, über Labrador, das Nordufer und die Inseln der Hudsonbai bis zur Westküste Grönlands. Sie läßt sich in drei Sprachfamilien einteilen:

1. Die Aleuten. Sie lebten auf dem Inselgürtel südwestlich der Westküste von Alaska. Die Aleuten bauten ihre Häuser etwa eineinhalb Meter tief in den Erdboden und deckten sie mit Holz und Walknochen. Der Eingang führte durch ein oder zwei Löcher im Dach. Alle Familien in solch einem Langhaus waren miteinander verwandt.

2. Die Yup'ik (hier v. a. die Zentralalaska-Yup'ik) lebten im Südwesten Alaskas in dauerhaften Siedlungen, da ein wahres Tierparadies sie mit ausreichend Nahrung versorgte, auch wenn z. B. die Vögel, Fische und Karibus nicht ganzjährig dort blieben.

3. Die Inuit-Inupiaq leben in der heutigen GUS, den USA, Kanada und Grönland. Um 1 000 n. u. Z. kam es zu einer Wanderbewegung aus dem nördlichen Alaska nach Grönland, die dort bereits seit 2 500 v. u. Z. ansässigen Menschen wurden von den Zuwanderern assimiliert. Eine große Gruppe der Inuit-Inupiaq waren die Zentralinuit, die nördlich und westlich der Hudson Bay lebten. Sie waren entweder Waljäger und lebten in Dauersiedlungen in halb unterirdischen Holzhäusern,

andere an der Hudson-Bay führten ein nomadisches Leben auf der Jagd nach Karibus und Moschusochsen und Seehunden.

Hier in der Arktis trafen die Inuit auf extreme Lebensbedingungen, und der Überlebenskampf kannte in den eisigen Weiten, über die der Wind fegte, keine Pause. Die Alten, deren Kräfte nicht mehr ausreichten, wurden mit einigen Lebensmitteln in der Unterkunft im Eis zurückgelassen. Nichts durfte das Überleben der Gemeinschaft gefährden. Dieses unglaublich harte Leben wurde nur erträglich durch die Beziehungen, die die Inuit zur Natur und den übernatürlichen Mächten unterhielten, durch ihre Überzeugung, daß die Seelen der Menschen und Tiere immer wiedergeboren werden.

Diese Überzeugung verlangte von ihnen die Befolgung komplizierter Rituale. So durften sie zum Beispiel bei der Jagd nicht die gleichen Waffen benutzen wie beim Fischfang, sie durften dabei nicht dieselbe Kleidung tragen, und sie durften nicht am gleichen Tag Karibufleisch und Robbenfleisch essen. Der Jäger mußte sich bei der Tierseele bedanken, damit er auch in Zukunft dieses Tier jagen durfte. Denn nur, wenn die Tierseele diese Achtungsbezeugung annahm, würde das Tier, in dem sie wiedergeboren wurde, sich von neuem erlegen lassen.

Die Ringelrobbe (Phoca hispida) *lebt überall in den arktischen Gewässern, von Alaska bis Labrador und Neufundland. Dieses Säugetier kann bis zu 20 Minuten unter Wasser bleiben, aber es kommt meistens alle drei Minuten an die Oberfläche, um durch die Eislöcher, die es gemacht hat, Luft zu holen.*

INUIT-JÄGER

Robbenjagd

Während des langen arktischen Winters wird die Dunkelheit täglich nur kurz durch eine blasse Sonne aufgehellt. Die Tundra ist gefroren und von Schnee und Eis bedeckt. Die Ureinwohner an der Küste konnten nur durch die Robbenjagd überleben. Sie kehrten immer in eine Bucht zurück, wo sie schon seit Generationen erfolgreich gejagt hatten, und suchten dann die Löcher im Eis. Dorthin schwammen nämlich regelmäßig die Robben, wenn sie Luft holen mußten. Dank der feinen Nase seines Schlittenhundes, des Huskys, konnte der Jäger sie schon frühzeitig entdecken. Während des Sommers jagten die Inuit an den Küsten Alaskas und Labradors mit ihren Kajaks Walrosse, was nicht ungefährlich war. Wenn das Meer für kurze Zeit ohne Eisdecke war, machten sie in ihren Booten außerdem Jagd auf Finnwale, Pottwale, Narwale und Tümmler. Auf Tümmlerjagd gingen sie mit zehn Meter langen Booten, die aus Knochen und Walfischhaut gebaut wurden.

Die Inuit lebten in Gruppen zu 40 oder 50 Menschen, davon waren jeweils etwa 10 oder 15 Jäger. Sie hatten keinen Häuptling, doch die Jagd wurde von dem erfahrensten Jäger angeführt. Der einzige, der sonst über besondere Autorität verfügte, war der Schamane. Er war Jäger und Familienvater wie die anderen Männer, doch er konnte in Kontakt zu den Geistern treten und besaß die Gabe zu heilen.

1982 erkannte die kanadische Regierung die »Rechte der Ureinwohner und ihrer Verträge« an, und 1991 wurde dem Anspruch der Inuit auf ihr Land stattgegeben. Das neue Territorium soll den Namen »Nunavut« tragen, das Inuit-Wort für »Unsere Heimat«, und knapp 2 Millionen km² umfassen, ungefähr ein Fünftel der Fläche Kanadas, nämlich die Hudsonbai und die westlich und nördlich daran angrenzenden Gebiete.

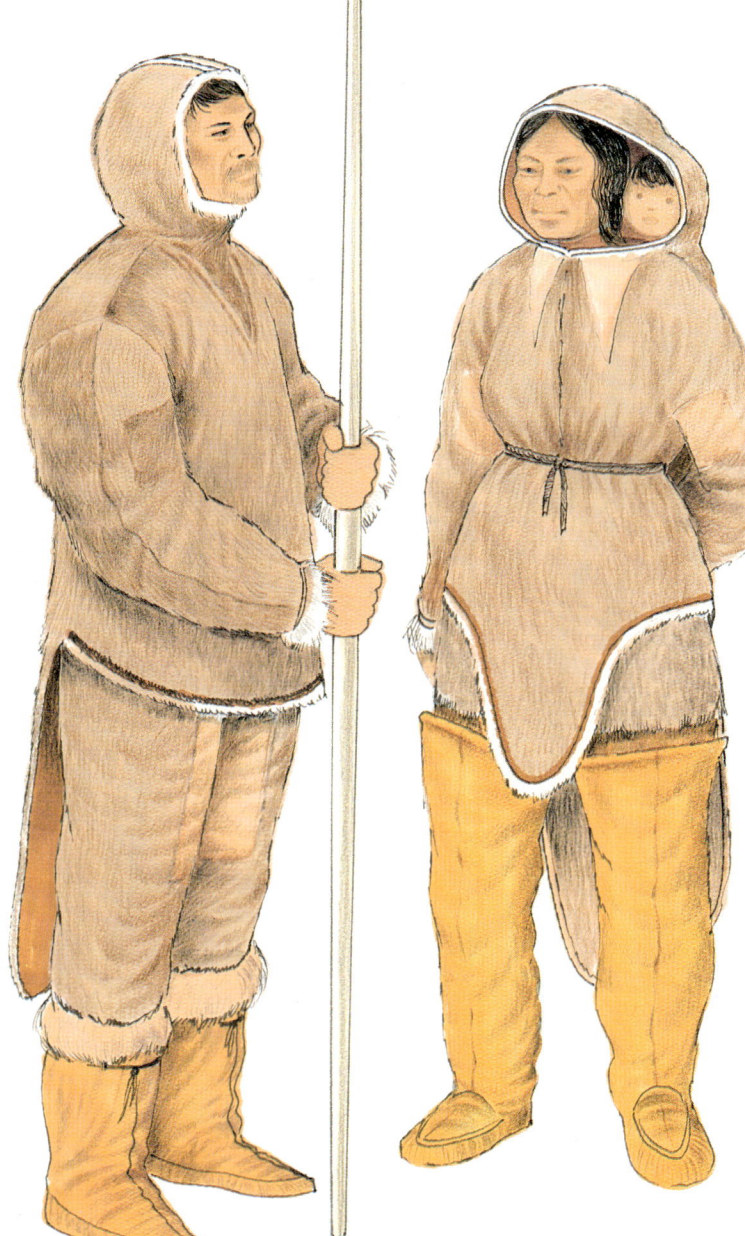

Baffin-Inuit, nach John White, 16. Jh.

Inuit-Boote

Bearbeitung des Elfenbeins mit einem Bohrbogen

Inuit-Behausung von außen und innen

Mackenzie-Inuit, Ende des 19. Jhs.

Iglulit-Inuit, 19. Jh.

Copper-Inuit, 19. Jh.

Inuit aus Nord-Grönland, 19. Jh.

Verzeichnis der Indianerstämme

Es sind die Eigennamen der Stämme aufgeführt. In Klammern stehen die Namen,
die sie von den Weißen oder von feindlichen Stämmen bekamen.

Abnaki: 21

Absaroke (Crow = Krähenindianer): 47

Algonkin: 25

Anasazi: 54

Ani Yunwiya (Cherokee): 11

Anischinabe (Ojibway): 26

Apalachee: 9

Aschiwi (Zuni): 55

Assiniboin: 41

Atsina: 35

Bannock: 67

Calusa: 8

Catawba: 12

Cayuga: 23

Chickasaw: 11

Chinook: 82

Chippewyan: 87

Chiwere: 44

Choctaw: 11

Chumasch: 63

Dineh (Navaho): 58

Dsitsita (Cheyenne): 36

Haida: 78

Hodenosauni (Irokesen): 23

Hohokam: 54

Hopi: 54

Hotchangara (Winnebago): 27

Hupa: 65

Ijiniwok (Cree): 88

Ikaniuksalgi (Seminolen): 13

Illinoi: 31

Inde (Apatschen): 56

Inuna-Ina (Arapaho): 37

Iowa: 45

Kaddo: 48

Kansa: 43

Karok: 65

Kickapoo: 29

Kirikitisch (Wichita): 49

Küsten-Salisch: 83

Kutenai: 75

Kutschin: 86

Kwakiutl: 79

Kwichana (Yuma): 59

Lakota (Nakota): 39

Larapihu (Pawnee): 49

Lenni Lenape (Delawaren): 18

Makah: 81

Menomini: 27

Mesquakie (Fox): 28

Miami: 30

Micmac: 20

Minitari (Hidatsa): 47

Miwok: 63

Mogollonen: 54

Mohawk: 23

Mohave: 62

Mohikaner: 21

Muskogee (Creek): 10

Nadi-Ischa-Dena (Kiowa): 51

Nanenot (Naskapi): 89

Narragansett: 19

Natchez: 9

Ne-Enoilno (Montagnais): 89

Ne-Me-Ne (Komantschen): 50

Nimipu (Nez Percé): 74

Nintachi (Missouri): 45

Niukonskah (Osage): 42

Ntlakyapamuk (Thompson): 71

Nu-Chi (Ute): 69

Numa (Paiute): 68

Numakaki (Mandan): 46

Nun-Chah-Nulth (Nootka): 81

Omaha: 43

Oneida: 23

Onondaga: 23

Ottawa: 25

Paluse: 73

Pomo: 64

Ponca: 43

Potawatomi: 29

Powhatan: 17

Prärie-Anischinabe (Prärie-Ojibway): 37

Prärie-Ijiniwok (Prärie-Cree): 37

Pueblo: 55

Salisch: 75

Sauk: 28

Schoschonen: 67

Seneca: 23

Shawnee: 31

Siksika (Blackfeet = Schwarzfussindianer): 34

Spokan: 71

Tanana: 86

Tanisch (Arikara): 48

Tatsanottine (Yellowknives = Gelbmesser): 87

Timucua: 9

Tlingit: 80

Tlingtschadinne (Dogrib = Hunderippe): 87

Tsimschian: 79

Bei der Übersetzung und Bearbeitung wurde folgende Literatur herangezogen:

INDIANER – DIE UREINWOHNER NORDAMERIKAS, GESCHICHTE, KULTUREN, VÖLKER UND STÄMME, Bertelsmann Lexikon-Verlag, Gütersloh/München 1992.

INDIANER – LEGENDE UND WIRKLICHKEIT VON A–Z, H.J. Stammel, Sonderausgabe Orbis Verlag, München 1992.

DIE WELT DER INDIANER – GESCHICHTE, KUNST , KULTUR VON DEN ANFÄNGEN BIS ZUR GEGENWART, Frederking & Thaler, München 1994.

Hartmut Krech, MEINE SEELE WIRD NACH SÜDEN ZIEHEN – LEBENSGESCHICHTEN VON NORDAMERIKANISCHEN INDIANERN ERZÄHLT, Carlsen Verlag, Hamburg 1993.

Hans Läng, KULTURGESCHICHTE DER INDIANER NORDAMERIKAS, Lamuv-TB 1989.

Oliver La Farge, DIE WELT DER INDIANER, Otto Maier Verlag Ravensburg 1977.

Eva Lips, DAS INDIANERBUCH, Edition Leipzig 1980.

Carolyn Niethammer, TÖCHTER DER ERDE – LEGENDE UND WIRKLICHKEIT DER INDIANERINNEN, Lamuv-TB 1985/Econ Verlag 1982.

Geoffrey Turner, INDIANS OF NORTH AMERICA, Blandford Press, Pool/Dorset 1979.

Ursula Wolf, MEIN NAME IST »ICH LEBE« – INDIANISCHE FRAUEN IN NORD-AMERIKA, Frauenbuchverlag, München 1980.

Iowa, nach Georges Catlin, 1844.

Der Autor dankt den folgenden Institutionen, die seine Recherche für dieses Buch hilfreich unterstützt haben:

Musée de l'Homme, Paris (Abteilung Amerkika)

Centre culturel américain, Paris

Centre culturel canadien, Paris

Centre culturel espagnol, Paris

Mojave Country Historical Society, Kingman (Arizona)

Arizona State Museum, Tucson (Arizona)

Historical Association of Southern Florida, Miami (Florida)

Clearwater historical Society, Orofino (Idaho)

Appaloosa Museum, Moscow (Idaho)

Field Museum, Chicago (Illinois)

Historical Museum, Lansing (Michigan)

Winnebago Area Museum, Winnebago (Minnesota)

State Museum, Jefferson City (Missouri)

Iroquois Indian Museum, Schoharie (New York)

Cherokee Historical Society, Tahlequah (Oklahoma)

Pawnee Bill State Park, Pawnee (Oklahoma)

Provincial Museum, Edmonton (Alberta)

Museum of Northern British Columbia, Prince Rupert

Museum of Natural History, Regina (Saskatchewan)

Vancouver Museum (British Columbia)

The Fine Arts Museum, San Francisco (Kalifornien)

South Bannock County Historical Center, Lava Spring (Idaho)

Kansas state Historical Society, Topeka (Kansas)

Six Nations Indian Museum, Onchiota (New York)

The Five Civilized Tribes Museum, Muskogee (Oklahoma)

Sioux Indian Museum, Rapid City (S. Dakota)

Buffalo Bill Historical Center, Cody (Wyoming)

Algonquin Park, Whitney (Ontario)

Huron County Museum, Godemich (Ontario)

Musée Canadien des Civilisations, Hull (Québec)

Klamath County Museum, Klamath Falls (Oregon)

University of Maine, Orono (Maine)

Museum of Florida History, Tallahasee (Florida)

University of Oregon, Eugene (Oregon)

Washington State University, Pulleman (Washington)

Besonderer Dank gilt außerdem:

Mme Anne Vitard und M. Daniel Lévine vom Musée de l'Homme in Paris, Melle Carole Caraguel und MM. Eric Bondoux, Maurice Delange, Philippe Grasset, Bernard Gilson, Olivier Legay und Roland Schmitt.

Alle Illustrationen und Karten dieses Buches stammen vom Autor selbst.

Layout und graphische Gestaltung: Nathalie Pecquet, Paris.

Fotonachweis: A. Thomas, Explorer, S. 2 und 32/G. Boutin, Explorer, S. 6 und 11/S. Cordier, Explorer, S. 52/J.-L. Georges, Explorer, S. 60/M. Koene, Explorer, S. 76/R. Baumgartner, Explorer, S. 90/Ambassade du Canada, Abteilung Tourismus, S. 84.

1. Auflage 1995

Alle deutschen Rechte bei Carlsen Verlag GmbH, Hamburg 1995

Originalcopyright © Editions Casterman s.a. 1993

Originalverlag: Editions Casterman, Tournai

Originaltitel: ATLAS DES INDIENS D'AMÉRIQUE DU NORD

Lektorat: Anke Knefel

Einbandgestaltung: Doris K. Künster

Satz: KCS GmbH, Buchholz/Hamburg

ISBN 3-551-13238-0

Printed in Belgium

INHALTSVERZEICHNIS